蔣毛最後的邂逅

— 陳福成中方夜譚春秋

陳 福 成 著

文 學 叢 刊
文史哲出版社印行

國家圖書館出版品預行編目資料

蔣毛最後的邂逅：陳福成中方夜譚春秋 /
陳福成著. -- 初版 -- 臺北市：文史哲出
版社,民 110.10
頁； 公分 --（文學叢刊；445）
ISBN 978-986-314-570-7（平裝）

863.55　　110017968

文學叢刊 445

蔣毛最後的邂逅

— 陳福成中方夜譚春秋

著　者：陳　福　成
出版者：文　史　哲　出　版　社
http:// www.lapen.com.tw
e-mail：lapen@ms74.hinet.net
登記證字號：行政院新聞局版臺業字五三三七號
發行人：彭　正　雄
發行所：文　史　哲　出　版　社
印刷者：文　史　哲　出　版　社
臺北市羅斯福路一段七十二巷四號
郵政劃撥帳號：一六一八〇一七五
電話886-2-23511028 · 傳真886-2-23965656

定價新臺幣三〇〇元

二〇二一年（民一一〇年）十月初版

ISBN 978-986-314-570-7　　10445

自 序：蔣毛最後的邂逅──科幻、神話與眞實

《西遊記》有很多科幻、很多神話，也很多真實。

《三國演義》有很多科幻、很多神話，也很多真實。

看是科幻，其實不是科幻，只是看起來表象是科幻，背後有比真實更純真的本質。看是神話，其實不是神話，只是看起來表象是神話，背後有比真實更純真的本質。

說是真實，也只是一瞬間的真實，緣起為真，緣滅即虛。故有那一件東西，可以永久的真實存在？

三千大世界都是一時因緣合和的假相，何況是人生！一切恩怨情仇都要放下，因為那些都是一時之夢幻。

佛言：一切有為法，如夢幻泡影，如露亦如電，應作如是觀；又言：眾生眾生者，如來說非眾生，是名眾生。

蔣毛二人一直到結束陽界之旅，他們的愛恨情仇都尚未放下，尚不了結。如今在這「最後的邂逅」，他們全都放下了，一切如夢幻泡影消逝，開始一段不可思議的新旅程。

台北公館蟾蜍山　萬盛草堂主人　**陳福成**誌於
佛曆二五六四年　西元二〇二一年八月吉日

蔣毛最後的邂逅
──陳福成中方夜譚春秋

目次

第一章　在西方極樂世界　蔣毛因緣初邂逅

蒼穹內外諸世界，窮盡色與無色各天下國度，有那裡可以稱得上「永恆的美麗與莊嚴」？

沒有，絕無可能！

因為不論哪個世界！走遍三千大世界，根本就沒有所謂「永恆」這種事情的存在。所有一切存在的，包含星辰太陽等，都逃不出生、住、異、滅的命運，遲早必死滅，只是時間問題。

當然，不論那一個世界，很多地方稱得上「美麗與莊嚴」。但說到要「永恆的」美麗與莊嚴，那是絕無可能的，沒有這種地方。

＊　＊　＊

但萬事都有例外，就真的有一個，也只有一個這樣的地方，「永恆的美麗與莊嚴」，真實不虛！

人一進到這樣的地方，立刻感受到這是完全不同於人世間的國度，到處都是亭台樓閣、蓮華花池，使用的建材是金、銀、琉璃、珊瑚、硨磲、珍珠、瑪瑙等七寶所建成。各種花池，有大有小，乃至大如海。

這個國度的水「零汙染」，不論從何處流出的水都是百分百健康水。光是喝這裡的水，就有八種功德：澄淨、清冷、甘美、輕軟、潤澤、安和、療饑、長養諸根。所以這個國度的水叫「八功德水」。

在這國裡，沒有日月的出沒，所以不分晝夜，若要有個區分，是以華開華合，眾鳥的鳴息而分晝夜。所以這裡的人民，每日悠然自在，不被時間所控制，過著只有「眾樂」，沒有「眾苦」的快樂生活。

一定有人問，至少要為「吃飯」問題煩惱吧！說真的，也沒有，在這國裡，一切都心想事成。

一切人所生活需要，都隨心識形成而呈現。要吃飯時，各人所心思就立刻示現眼前，隨各人食量，不多不少，自然而至。餐後，自然消化，沒有遺滓。

或者見色聞香，意以為吃飯，也自然飽滿，不生貪著，身心靈都愉快，到了這國

「零煩惱」。這個國，所有的人都想去，未必到得了！

這個國在那裡？

＊　＊　＊

這個國一般通稱「西方極樂世界」，依《阿彌陀經》所示，「從是西方，過十萬億佛土，有世界名曰極樂。」又曰：「其國眾生，無有眾苦，但受諸樂，故名極樂。」這是釋迦牟尼佛告訴長老舍利弗的。

不錯！世間所有的人往生，都希望到這個地方，活著的親朋好友也以「往生極樂」為最大的祝福。

但說實在，真正能往生極樂國的人是少數的。道理很簡單，就算陽界列國，無論那一國，也不是你說來便來的，通常有一定的「條件」。

何況西方極樂世界，乃「永恆的美麗與莊嚴」，到了這國度，永無煩惱，沒有眾苦，只享眾樂。要成為這裡的國民，必然有很高的條件，能來的人就少。

＊　＊　＊

那些條件？難以細說，大體上和累世因緣、福報、功德、修行等有直接關係。要有極佳因緣、大福報、大功德和潛心修行，這樣說來，世人能往生極樂國，可能就更少了。

但，千百萬年來，無數個億的眾生，總有一些人可以得到西方極樂世界的簽證，成為極樂國的國民，歷史上很多有大功德福報的人，如孔子、孟子、李白、杜甫等，應該有機會，應該還有很多！

我知道有兩個人，在世時都算「偉大的領導者」，只是這兩人是相互敵對的領導，死後竟都到了西方極樂世界，此中因緣，真是不思議！不可說！

這兩人就是蔣中正和毛澤東。

＊　＊　＊

意外吧！所有的人都感到意外與不解，這兩人怎麼都到了西方極樂世界？

我不感意外，也能理解，理解這是他們累世因緣果報總匯而成，非單獨一生一世功德所致。

這一天，毛澤東獨自在一座花園的涼亭小坐沉思，蔣中正也從花叢走向涼亭，兩人眼神突然交會。

毛澤東先開口道：「介石兄，你也在這兒，來坐下聊聊。」

蔣中正道：「潤之兄，你在這兒，好久不見！」

＊　＊　＊

兩人自然坐下，沒有大聲喊叫，沒有激動，好像就是兩個普通朋友，眼神和聲音沒有一絲對立，連心跳也沒有多一下，為什麼？他們的愛恨情仇呢？

原來能到極樂國的人，愛恨情仇早已全都放下！

就是那貪、嗔、癡、慢、疑的心性，也早已不見了，甚至色、聲、香、味、觸、法，更是早已不住，一個人把這些全都放下，他有多麼輕鬆，輕飄飄的人了！

現在二人都很尊重對方，言必稱兄，兩人閒聊著。

蔣中正道：「潤之兄最近忙些什麼？」

毛澤東道：「到他化自在天和須焰摩天講學剛回來不久！」

蔣中正道：「哦！原來你去了欲界的兩個天。」

毛澤東道：「一個月，順便參訪，介石兄最近忙什麼？」

蔣中正道：「參加一個旅行團，到空無邊處天和非想非非想處天玩了好一陣子，也才回來。」

二人聊著他們在欲界和無色界所見奇異，不可思議的殊勝，欲界有六個天，無色界有四個天、三界共二十八天，千百年都玩不盡。

二人聊一陣，覺得要喝茶，眼前桌上立即示現兩壺茶，為什麼是兩壺茶？原來蔣中正愛喝綠茶，毛澤東愛喝龍井茶，這種須要隨心識而呈現的。

二人邊喝邊聊，毛澤東道：「用八功德水泡的茶，喝起來通體舒暢！」

蔣中正道：「三界之中這裡的水最好。」

＊　＊　＊

毛澤東一邊喝著清淡幽香甘美的龍井茶，把視線投向他的右前方不遠處一座涼亭，也有一批人在閒聊，道：「介石兄，你看右前方那些人，我看出一個是康熙，一個是乾隆，你看還有誰？」同時用手指方向。

蔣中正把視線投過去，一瞬，道：「我看出一個秦始皇，一個漢武帝，其他不清楚。」

毛澤東道：「應該都有大功德的人才是。」

蔣中正啜一口甘茗道：「應該是。」他點著頭，把視線投向左前方也有一涼亭，也有一些人好像在吟詩，微風如絲吹過來，隱約中聽極細的聲音，道：「潤之兄，你看那邊涼亭一些人在吟詩，我看出一個是老子，一個是孔子，你看還有誰？」也用手指方向。

毛澤東把視線投過去，瞬間，道：「我看出李白和杜甫，其他不清楚。」

其實在蔣毛二人初到極樂國，就曾經和秦皇漢武李杜等有過交流。

* * *

正當二人沉醉在美妙光景中，忽聞有鳥鳴唱美妙音！這是迦陵頻伽鳥和共命之鳥。

蔣毛二人聽到鳥鳴之音，不約而同成禪坐像，雙眼微閉，傾聽……四周寂靜，只聞鳥鳴出和雅音，如聽聖者之開示。

原來在極樂國有幾種鳥類，能經由鳴叫出和雅音，其音能說出佛法，包含有：白鶴、孔雀、鸚鵡、舍利、迦陵頻伽和共命鳥，牠們的聲音，演暢五根、五力、七菩提分、八聖道分，如是等法。

如是等法，概括了四念處、四正勤、四如意足，加上五根五力、七菩提八聖道，就成為佛學裡大小乘共修的三十七種助道品。

極樂世界的鳥兒，不但能吐出和雅的聲音來，從聲音中還能演暢出佛法，真是不可思議的殊勝。

* * *

成了極樂國的國民，從此沒有煩惱，一切都心想事成，過著自然悠閒的修行生活，包括蔣毛二人。

這二人自從初邂逅，就常一起參加活動，除早課、晚課、聽經聞法外，偶爾也一同去聽音樂會，極樂國除各種修行道場，也有各種音樂廳。

有一天，二人又不約而同碰在一起。

蔣中正先開口道：「潤之兄，最近我散步經過森林音樂廳，聽一場森林音樂會，美妙無比，一起去吧！」

毛澤東道：「好啊！在那裡？」

蔣中正道：「在這附近林道，不遠。」

＊　＊　＊

片刻，他們走進一片，羅網覆於樹上，景象如他們讀過的一段經文：「無量寶網，皆以金縷珍珠，百千雜寶，莊嚴校飾，周帀四面，垂以寶鈴，光色華輝，羅覆樹林。」

毛澤東讚嘆道：「極樂國的大自然不可思議！」

蔣中正道：「要多少劫世的因緣才能享有！」

毛澤東道：「能在這裡碰到介石兄也是千載良緣。」

蔣中正道：「的確是，我們在這裡好好修行。」

走著，走著，他們來到一片行樹下小坐，這時「微風吹動諸寶行樹，及寶羅網，出微妙音，譬如千百種樂，同時俱作，聞是音者，自然皆生念佛念法念僧之心。」

這裡正是西方極樂世界的「森林音樂廳」，像這樣的自然音樂廳，在極樂國到處都有。

＊　＊　＊

二人沐浴在寂靜的森林音樂中，微風輕細醇和，引動著行樹、羅網，發出微妙的音聲來，使人聽了心生佛法的美感，二人都沉醉在這種美感中，心中生起禪意。

毛澤東輕聲讚嘆道：「這種樂之美是什麼美？」

蔣中正道：「大本彌陀經上說，世間帝王之樂，百千萬種，不如忉利天宮一音之美。忉利天宮百千種樂，不如夜摩天宮一音之美。如是乃至有頂之天，百千種樂，不如極樂世界，風吹羅網行樹，所發出的音聲中一音之美。」

毛澤東道：「極樂世界樹木發出的聲音之美，勝過一切聲音之美。」

蔣中正道：「正是。」

＊　＊　＊

蔣毛二人離開陽界人間，雖然已經好幾十年了，但對於許多早到極樂國的人而言，他二人還算極樂國裡很新的新人。

新人總是比較努力，用心學習，他二人也是。極樂國的修行學習，雖講究自然自在，但為創造修行學習機會，也有各種功課安排，供人選擇。

例如最近的區裡，就有虛雲老和尚講《阿彌陀經》，蔣毛二人從頭到尾專心聽完。老和尚提到，往生到極樂世界的眾生，永遠不會退轉，即是說，既然有因緣果報到極樂世界，永遠不會改變其志趣而要轉投人天道中，或三惡道裡去，這是不可能的。

聽講完畢後，他二人意猶未盡，在演講廳旁的花園小坐，接續老和尚所述話題聊著。

毛澤東道：「極樂世界有阿彌陀佛的大悲願力攝持，能叫人永不退轉，只要往生到了極樂國，就永遠不會改變他的志趣。」

蔣中正道：「潤之兄說的正是，生到了極樂世界，常在佛光照燭之中，使他的菩提心，只有增進，不會退轉，如我們兩個。」

毛澤東道：「我的感受和介石兄一樣，這裡很多地方都很感動。例如，在極樂世界，水鳥樹林，微風樂音，都能演唱佛法，聞之自然增進修行之心，這是在其他世界所沒有的。」

蔣中正道：「到了極樂世界，所有會碰到的人，都是有道修行者，大阿羅漢、諸大菩薩。沒有邪魔外道，來誘惑你，蠱弄你，也沒有衣食住的煩惱，更無貪愛瞋恨等事，我們可以專心生活修行。」

＊　＊　＊

二人聊著，各自說出自己所學心得。他們心中想到要喝一杯咖啡，就有咖啡示現在手上。

毛澤東啜一口咖啡道：「你會離開極樂世界嗎？」

蔣中正道：「除非你自己發願要到別的世界，去度化眾生，不然，永遠不會離開極樂世界的。」

毛澤東道：「是啊！去旅遊或講學也是暫時的。」

蔣中正道：「把我們前世的人間世界，拿來和這極樂世界相較，難怪釋迦牟尼佛稱人世叫五濁惡世，稱這裡叫極樂世界。」

毛澤東道：「對啊！人間五濁惡世，還真是可怕極了，劫濁、見濁、煩惱濁、眾生濁、命濁中，永遠都在亂，極樂世界真好！」

蔣中正道：「無限好，不可形容。」

＊　＊　＊

正當蔣毛二人說著自己見解，突然來一群人向他二人打招呼，定神一看，原來是李白、杜甫、蘇東坡、鄧小平、蔣經國、陳誠，另幾位不熟的，都是專程來聽虛雲老和尚演講的。

各自坐定，李白先開口道：「極樂世界的人民，最大的好處是命長。」

杜甫道：「有多長。」

蔣經國道：「無論多長，總有個度量。」

鄧小平道：「經文說無量無邊阿僧祇劫，這個壽命可以說接近無限。」

蔣中正道：「往生到極樂世界，悉皆蓮華化身，不是血肉的結合，所以壽命是無量。」

大家又閒聊一陣，毛澤東道：「晚餐後，社區裡有音樂欣賞會，喜歡的按時入場。」眾皆歡喜，作禮而去！

＊　＊　＊

某日，晚課，誦完《佛說阿彌陀經》。

最後誦〈回向謁〉：

　願生西方淨土中　九品蓮花為父母
　花開見佛悟無生　不退菩薩為伴侶

剛走出會場，社區管理員送兩張請帖來，蔣中正和毛澤東各一，接過一看，落款是「地獄教育委員會」。

毛澤東道：「前陣子來函諮詢有消息了。」

蔣中正道：「我們雖讀過有關地獄的經文，但沒去過，現在有機會順道參訪地獄，機不可失！」

毛澤東道：「對！」

到底「地獄教育委員會」邀請蔣毛二人前往？所為何事？請看下章道來。

第二章　地藏菩薩邀蔣毛　到地獄參訪講學

蔣毛二人打開請帖聘書，是應地藏菩薩邀請，為「地獄教育委員會」所屬的「明德管訓班」授課，講授內容和課程，大致在諮詢時已初步確認。

毛澤東講兩門課：《金剛經》、《民主政治是人類的終結者》。

蔣中正也講兩門課：《般若波羅蜜多心經》、《一黨治理才是人類的前途》。

＊　＊　＊

蔣毛二人都是初次到地獄，和人間列國一樣，要辦各種證件和手續，聘書上列記有前往地獄的通關密碼、咒語等，有詳細的交通指南和相關接待服務等資料。

蔣毛二人決定提早到地獄，先參訪好好了解地獄環境和社會狀況。

兩人約好時間，設定通關密碼，念動咒語，忽有一女子示現眼前．以雙手牽著二人，她道：「閉眼。」

蔣毛閉眼，似進入恍惚狀態，無知無覺……

「到了，」她鬆開蔣毛的手，親切道：「你們可以睜開眼睛啦，我們已到了地獄國，這裡是國境大門。」

＊ ＊ ＊

蔣毛二人睜開眼睛一看，驚訝的發現他們站在一座大宮殿的牌樓門口，牌樓的上端六個大紅字：「地獄入境大門」。放眼望出，宮殿成群，看不到邊際，這入境區可能很大，比陽界中國現代大興機場更大。

蔣毛回神過來，注視眼前女子，正納悶是何人……

她已開口自己介紹道：「我是李清照，原住在忉利天，這學期到地獄當志工，在『地獄教育委員會明德管訓班』，負責接待和導遊，這段時間從各界來的志工有五千多人，我負責接待二位，我已看過二位近三世以來的經歷背景，有服務不週請包涵。」

蔣毛異口同聲道：「原來是大詞人易安居士，失敬！失敬！」二人向她一鞠躬。

李清照回禮道：「不敢當，謝謝！」

毛澤東道：「怎麼想從忉利天來地獄當志工。」

李清照道：「先前有閨蜜來當志工，回去說地獄值得來，我不信，就來看看，沒想到一來就上癮，這是我第三次來地獄當志工了，有時也授課教作詩填詞。」

蔣中正道：「原來如此，以後我們也可以來當志工。」

李清照道：「可以，歡迎來！」

＊　＊　＊

李清照引導二人辦完入境手續，又帶二人到住宿區，便約定隔日「地獄導遊」，她先離開。

地獄，晚上，未見任何動靜，蔣毛在戶外小坐。

毛澤東道：「我第一次到地獄，看起來不像地獄。」

蔣中正道：「我也第一次，怎麼看也不像地獄。」

毛澤東道：「一路走來未見一個鬼！」

蔣中正道：「沿途平靜，毫無陰森森的感覺。」

毛澤東道：「這裡倒像人世間的富人住宅區。」

蔣中正道：「對哦！」

毛澤東道：「不知道地獄世界的時間流轉，和其他世界例如人間，如何換算？」

蔣中正道：「我知道，四天王天的一晝夜，抵人間五十年；他化自在天的一晝夜，抵人間一千六百年，但我想，地獄時間和人世應是相同。」

毛澤東道：「為何？」

蔣中正道：「人往生後七七四十九天有佛事，這時間陰陽兩界互通，時間一樣才行。」

毛澤東道：「或許，早些休息，明天遊地獄。」

二人互道晚安，各自去休息。

＊　＊　＊

李清照開始給二人簡單導覽介紹，道：「從入境到現在二位還適應嗎？」

蔣、毛同聲道：「適應，只是看起來不像地獄。」

毛澤東打趣道：「沒看到一個鬼。」

大家哈哈笑。

李清照道：「所有來到地獄的罪犯鬼道等，一定是被限制在獄所、刑場、法場等地方，只有那些地方是陰森幽闇，充滿痛苦可怕的地方，其他地方還是光明宜人的，還有就是業感，你們全身都是光明的正能量，不會招感陰闇情境，除非由導遊引見。」

＊　＊　＊

李清照道：「地獄一般被誤解，以為全部是罪犯，其實罪犯以外，還有很多工作管理人員，不可能只靠一個地藏菩薩。還有各世界來的人，如二位。」

蔣毛二人點頭表是，毛澤東問道：「其他世界的眾生可以自由來地獄參訪嗎？」

李清照道：「可以，需要一些因緣和條件。」

蔣中正道：「地球上的人生前未聞有來過地獄的。」

李清照道：「陽界人類生前犯罪，死後才到地獄，生前能到地獄參訪要有特殊狀況，這是極少有的。」

毛澤東好奇問道：「現在地獄和以前有什麼不同？」

李清照道：「久遠以前，地獄罪犯只有受盡各種苦刑磨煉，沒有教育訓練配套。地藏菩薩慈悲，認為救渡罪人也要有方法，除苦刑外，要有詩教、樂教、禮教、政教，配合佛法薰教，請各界大德來講課，就像二位講授的課程，對犯人都有教化作用。」

蔣毛點頭道：「原來如此，地藏菩薩也是教育家。」

＊　＊　＊

三人走著，在一棟大樓門前，右邊一排字，「無間地獄明德管訓班」，九個大字。

李清照道：「地獄種類很多，大家常聽到的是十八層地獄，另有阿鼻地獄、無間地獄。而無間地獄還有很多分支單位，明德管訓班算小單位，下轄十二個班，各位授課都在明德班。」

毛澤東道：「原來地獄範圍很大。」

蔣中正道：「可能比陽界的大國更大。」

李清照道：「無間獄者，其獄城周帀八萬餘里，其城純鐵，高一萬里，城上火聚，少有空缺。其獄城中，諸獄相連，名號各別，獨有一獄，名曰無間。」

毛澤東道：「城高萬里，不得了，各界都沒有。」

蔣中正道：「這種工程也神奇，在人世間最高的樓千米已是極限了，萬里已是深太空。」

李清照道：「地域還有更多神奇的工程，這回沒時間，以後你們可以自己申請來參訪。」

蔣毛同時道：「來當志工順便參訪。」

李清照道：「當志工很有功德，也是布施。」

＊　＊　＊

三人走到一個獄所附近，李清照啟動一個機制，可以讓蔣毛二人看見罪犯所受到的熬煉。

李清照道：「等一下你們會看到罪犯受苦的場景，我等雖不忍，但那是他們罪業所感，也必須承受。」又道：「在班級上課或個別談話，我們不叫他們『罪犯』，而叫他們『同學』，這是教育上的尊重。」

毛澤東道：「地獄教育果然不一樣。」

蔣中正道：「不稱罪人，稱同學有很好的教化作用。」

正談話間，就看到鐵蛇鐵狗在撕咬一群受刑人。

李清照進而解說道：「現在所看這獄所，其獄周匝萬八千里，獄牆高一千里，悉是鐵圍。上火徹下，下火徹上。鐵蛇鐵狗，吐火馳逐，獄牆之上東西而走。獄中有床，遍滿萬里。一人受罪，自見其身遍臥滿床；千萬人受罪，亦各自見身滿床上。眾業所感，獲報如是。」

毛澤東道：「床遍萬里，這床真大。」又道：「且一人臥滿床，千萬人臥也滿床。」

大家點頭不可思議，蔣中正道：「空間是自動吧！」

李清照道：「這也是業力招感所致。」

＊　＊　＊

越往獄所內走，越多可怕的場景，難以形容的慘！

蔣毛二人搖頭，不忍視之。

有千百夜叉和惡鬼，牙似劍，眼如電，指甲像銅，拖著罪人當玩具，用手中的大鐵戟，擲刺那受刑人，或中口鼻，或刺中腹背，再把罪犯拋來拋去。

有鐵鷹啄罪人雙眼，鐵蛇絞住罪犯頸子，四肢關節都釘上長釘，有的被拔舌頭，用耕犁來犁他。

有罪人被開腸破肚，有被用刀剉斬，有用銅汁灌入他的嘴裡，有被熱鐵纏縛他的身體。

刑場之大，望之看不到邊界，無數罪犯在裡受苦刑，無限哀嚎，這是沒辦法的事，自己造惡的罪業招感，自然就得承受。李清照這樣解說，蔣毛點頭稱是。

＊　＊　＊

但受刑人在無間獄的刑期是否有個期限？毛澤東存疑問道：「除非是無期徒刑，否則總有期限！」

蔣中正道：「是啊！我知道有人在無間獄已關了幾千年，尚未出獄！」

李清照道：「無間地獄都關罪刑最重的犯人，等開學上課，二位看到來上課的同學就知道，他們都是在陽界犯下重罪的人，才會來無間地獄，幾乎無期徒刑了。」

蔣中正道：「真是永遠沒機會了！」

毛澤東道：「當一個人知道沒機會，可能就不想學習，也不要受苦了！」

蔣中正道：「有什麼辦法可以一了百了？」

毛澤東道：「對，反正永遠沒機會。」

李清照道：「這半點不由人，刑期動經億劫，求出無期。此界壞時，寄生他界。他界次壞，轉寄他方。他方壞時，輾轉相寄。此界成後，還復而來。無間罪報，其事如是。」

蔣毛二人聽得頭都暈了。

＊　＊　＊

李清照道：「在其他地獄也有刑期短的人。」

蔣中正道：「表示刑滿可轉世回陽界當人。」

毛澤東道：「什麼條件可回陽界？」

李清照道：「除了刑期到和表現好，因緣也重要。」

蔣中正道：「或許人間因緣未了！」

李清照道：「累世因緣很長久而複雜，我們難以全知。不過，地藏菩薩針對阿鼻地獄和十八層地獄中，刑期短表現又好的人，他們會投生人世間，並且從政，為改善人類政治制度，請二位講經之外，也講政治課。」

蔣中正道：「我了解了，我講《心經》外，也講一門《一黨治理才是人類的前途》，地藏菩薩的考量真是非常的深遠。」

毛澤東道：「我講《金剛經》外，也講《民主政治是人類的終結者》，就是要把這種理念先種入他們神識中，回到陽界從政，才會發生作用。」

李清照道：「地藏菩薩發現，在陽界凡是講人權、民主之國，都是動亂戰爭最多的地方，製造更多的罪人。現在各地獄罪犯，最多來自人權民主之國，一黨治理之國罪犯反而少。人權民主之國都扭曲了人權民主真意，真正的人權民主在一黨治理之國。」

蔣中正道：「我相信是。」

毛澤東道：「確實如是。」

＊　＊　＊

李清照簡介完無間地獄，又在開學典禮前，約蔣毛再看看別的地獄。因範圍太廣，現在他們坐一部「全功能自動導遊車」。

李清照道：「二位看過的無間地獄只是一小小部份，再利用一些時間簡單看一下阿鼻地獄和十八層地獄。」

蔣中正道：「地獄種類之多，多過人間列邦。」

毛澤東道：「可見千百萬年來罪人有多少！」

蔣中正道：「我們待在極樂世界，我也去過空無邊處天和非想非非想處天，所有眾生可能沒有地獄罪人多，為何？」

毛澤東道：「我也去了他化自在天和須焰摩天，眾生也沒有地獄罪人多，真奇怪！」

李清照道：「一方面人很容易犯罪，經不起利誘；二者現在人類社會的民主、人權制度，就像培養罪人的溫床。人間有多少罪犯，地獄就有多大規模。」

蔣中正道：「對，這有因果連接。」

毛澤東道：「要改善很難。」

＊　＊　＊

自動導遊車現在停在阿鼻地獄前。

李清照道：「與無間地獄相鄰是阿鼻地獄，這是地藏王所統轄陰界的兩大地獄，不同於十八層地獄和其他千百大小地獄。」

毛澤東道：「同是地獄，阿鼻地獄有何不同？」

蔣中正道：「反正都是關犯人的。」

李清照道：「都關罪犯，但按所犯罪的類型區分，所以阿鼻地獄下轄很多不同類型的小地獄，如四角、飛刀、火箭、夾山、通槍、鐵車、鐵床、鐵牛、千刃、流火、剉手……很多，總之陽界有何種犯罪，就有何種地獄！陰陽兩界本有招感連接。」

蔣中正道：「所以人世間和地獄是相通的。」

毛澤東道：「不是鐵公路相通，或者某種非物質靈識的相通。」

李清照道：「三千大世界有很多我們不知道的。」

蔣中正道：「唯有佛能全知。」

毛澤東道：「地藏菩薩應也知道很多。」

李清照道：「地藏菩薩說地獄不空，誓不成佛，其實他早已成佛，為救拔所有罪人，才說不成佛。」

＊　＊　＊

因為地獄太多，只能點到為止，簡略看看。十八層地獄大家熟知，李清照就不帶領到現場，只用簡報說有拔舌、刀山、油鍋、血池、火山、刀鋸等等，共十八獄所，規模也是很大。

李清照道：「明天開學典禮，我們在約好的時間地點見面。」

蔣中正道：「明天一定很熱鬧。」

毛澤東道：「一定有很多名人偉人會來。」

李清照道：「為教化地獄罪人，更為挽救人類危亡，各界有道有德高人，地藏菩薩都會設法請來，每學期都有不同的高人來。」

蔣中正道：「地藏菩薩真是下了大苦心、大願力。」

* * *

李清照引著蔣毛，按時到典禮禮堂：鹿子母講堂。

講堂外的大看板，標示重要訊息：

無間地獄明德管訓班開學典禮

班主任：六祖惠能大師

副主任：朱拉隆功（前泰皇拉瑪五世）

輔導長：馬祖道一法師

監察長：虛雲老和尚

總督導：孫中山先生

師資陣容：弘一大師、聖嚴法師、證嚴法師、星雲大師、惟覺老和尚、蔣中正、毛澤東……（餘略）

詩教、樂教（略）

第一教授課同學：

裕仁等歷任、東條英機、土肥原賢二、廣田弘毅、菅義偉……小布希、老布希、歐巴馬、苛林頓……秦檜……

第二教授班同學：

傑佛遜、華盛頓、伊麗莎白、李登輝、陳水扁、蔡英文、林榮三……

第三教授班同學

ＣＮＮ、ＢＢＣ、自由時報、民視等搞假新聞的記者。

第四～十二班（略）

＊　＊　＊

典禮在溫馨、簡潔、莊嚴氣氛中，圓滿結束。

李清照道：「你們馬上要準備上課，我隨時待命為二位服務，有事可找我。」

毛澤東道：「叫你易安比較親切，謝謝妳引導我們了解地獄狀況。」

蔣中正道：「謝謝易安了，服務週到。」

李清照道：「課堂上會驚奇。」

三人作禮而去，各自準備自己的功課。

預知蔣毛在無間地獄等授課情形，請看後面各章道來。

第三章 毛澤東講金剛經 民主人權禍人類

無間地獄的罪犯都是人世間的大奸巨惡，一有機會就會造反作亂，任何時候必須由獄官獄卒等，嚴格管控。任何起心動念有為惡之意，立即招感諸種苦刑上身，此即所謂「無間」也。

但罪犯上課時，為學習之方便，解除部份管制，如手鐐腳銬頸環都暫時解除，也解除部份苦刑，使其恢復正常人形，提升教化效果。

為防止意外，上下學，進出教室，仍由獄卒統一帶隊，不得有個別行動，這也是管理上的必要。

兩個凶巴巴、惡狠狠的牛頭和馬面，帶一隊人行進中，這些「人」已快不成人形。牛頭馬面吆喝著，軟鋼鞭一聲聲落在這些「人」身上，傳來一聲聲慘叫。

遠看這些「人」：

有被開肚破胸者，腸子心肝外掉用手捧著……
有皮肉已被千刀割裂，血肉如泥糊……
有被烊銅灌口者，口中不斷燒火，舌頭外掉……
有斷手斷足者，行動極為困難……
有熱鐵纏身，身肉燒的焦爛，還冒煙火者……

＊　＊　＊

牛頭馬面帶著這一隊受刑人，快接近教授班的時候，人形都逐漸復原，外掉的器官回到肚內，口中火熄滅，燒焦的皮肉也好了……

全隊在一間教室門口止步，門口一塊牌子，寫著「無間地獄明德管訓班第一教授班」。

獄卒牛頭下口令道：「按學號順序進教室。」當所有人都在教室坐定位，都自動恢復人形，手鐐腳銬也自動解除。

馬面大聲道：「大家好好學習，等老師來，要有禮貌。」

眾口答道：「是，我們努力學習。」

牛頭和馬面身形突然轉換，變成兩個帥哥，坐在教室最後面的督導席位。

* * *

毛澤東手上拿著《金剛經》，悠閒走進教室。

「起立！」班長大聲道：「敬禮！」

「老師好！」眾皆行禮道。

毛澤東道：「同學們大家好。」並環視整個教室，所有人都在座位上凝神、寂靜。

毛澤東問道：「那位是教授班班長？」

「是學生布希。」他站起來道。

毛澤東定神一看，原來是陽界曾任美國總統的老布希，生前到處發動戰爭，所以來到無間地獄。

毛澤東道：「請坐，」，道：「各位同學，今天是第一次上課，就按座次牌位點名，點到喊右。」

* * *

「老布希，」，「右」。

「小布希，」，「右」。

「歐巴馬，」，「右」。

「苛林頓，」，「右」。

毛澤東逐一點名，並仔細看他們身相眼神。東條英機、土肥原賢二、廣田弘毅、松井石根、板垣征四郎、木村兵太郎、武藤章、白鳥敏夫、東鄉茂德、小磯國招、平沼騏一郎、梅津美治郎、永野修身、松崗洋右、田中、菅義偉、麻生太郎、織田信長、豐臣秀吉、川普、拜登、布林肯、逢貝歐、杜魯門、岡村寧次。

還有近代日本幾任天皇，也是本班學生有：嘉仁、明治、大正、裕仁、明仁、德仁。

毛澤東逐一檢視這些受刑人，有的來不久，有的已關了好幾百年，都是重罪，幾乎求出無期。

＊　＊　＊

毛澤東道：「各位同學，無間地獄雖然刑期極長，但懺悔很重要，能從心地懺悔，對減少刑期很有幫助，希望大家能誠心懺悔過去所犯罪業！」

眾答道：「是，謝謝老師教誨。」

毛澤東道：「聲音很宏亮，我對各位有信心。」又道：「《金剛經》是所有佛經中，功德最大一部經，各位要好好學習，並常誦念，對提早出獄也很有助益。」

眾答道：「一定努力，絕不辜負老師。」

毛澤東道：「知錯能改，善莫大焉。」

＊　＊　＊

毛澤東道：「《金剛經》藉由佛陀與座下「解空第一」的弟子須菩提之間的問答，闡述了「一切法無我」、「一切法皆空」的「般若空性」；一旦證悟了「空」、通透了「般若」，一切眾生都能受用，皆得成就。」

毛澤東環視全班，每個人都在寫筆記很用心聽講。道：「整部《金剛經》可說有四大要義：無相布施、無我度生、無住生活、無得而修。」

毛澤東道：「豐臣秀吉同學，請你把〈法會因由分第一〉念一遍。」

豐臣秀吉起立念道：「如是我聞：一時，佛在舍衛國祇樹給孤獨園，與大比丘眾千二百五十人俱。爾時，世尊食時，著衣持缽，入舍衛大城乞食。於其城中，次第乞已，還至本處。飯食訖，收衣缽，洗足已，敷座而坐。」

「請坐下。」

毛澤東道：「這段經文寫的是佛陀日常生活，有個重要的意義，即佛陀是人，不是神，也要吃飯……」

＊　＊　＊

毛澤東注意到一個同學，苛林頓，他不專心，是否尚未忘情於女人。於是道：「苛林頓同學，你起來把〈善現啟請分第二〉首段念一遍。」

「是，」「時長老須菩提，在大眾中，即從座起，偏袒右肩，右膝著地，合掌恭敬，而白佛言……」

「坐下，」毛澤東道：「佛陀善於愛護顧念諸菩薩，善於教導囑咐諸菩薩，佛陀為大家解說，不論男子女子，只要有心從善，發無上正等正覺菩提心，必能安住菩提心，降伏一切妄心……」

原以為對重刑犯上課不好應付，沒想到很順利，大家都守規矩。毛澤東道：「各位同學學習精神很好，老師很滿意，今天課到此，大家有沒有問題？」

片刻安靜，東條英機發問道：「我心中還有怨恨、妄念，很難完全去除，更別說發菩提心了。」

毛澤東道：「這要很長時間，持之以恆學習、修正，怨恨妄念會日逐減少……」

毛澤東道：「請大家與老師一起誦念《金剛經》四句偈就下課。」

眾皆合誦道：「一切有為法，如夢幻泡影；如露亦如電，應作如是觀。」

「起立」班長喊口令，「敬禮！」

眾同學道：「謝謝老師！」

毛澤東道：「同學們下回見。」

＊　＊　＊

蔣毛在地獄的課，每週兩次，他們一次講的對像是「明德班」，蔣講《心經》，毛講《金剛經》，第二次是對阿鼻和十八層地獄中刑滿會回陽界從政者講「政治課」，把正確的政治理念，先種入他們識覺中。

所以，蔣毛有時間可以悠閒活動。

這一天，蔣毛二人相約，在宿舍區的咖啡廳碰面。二人進去一看，同聲驚奇一嘆：「好浪漫，奇幻！完全不像地獄。」

他們坐定，各自要了一杯咖啡，邊聊邊喝，品償「地獄咖啡」的不同風味。

蔣中正道：「和極樂世界的咖啡比起來怎樣？」

毛澤東道：「極樂世界用八功德水泡當然好。」

蔣中正道：「確實，不過地獄咖啡也不錯。」

他們聊了一陣咖啡，毛澤東突轉話題道：「我班上有個學生，你一定有興趣！」

蔣中正道：「誰？」

毛澤東道：「岡村寧次。」

蔣中正道：「原來是他，我是很有興趣。」

毛澤東道：「我對他也有興趣。」

「哈，哈」二人聊了一陣岡村寧次才回宿舍。

* * *

毛澤東手拿一本《金剛經》悠閒的進了教室。

「起立！」「敬禮！」

「老師吉祥！」

「各位同學吉祥！」毛澤東發現同學們比上回可愛了，大概是誦念《金剛經》的功德，道：「同學們要接受苦刑教育，還有詩教，加上佛學，早課、晚課等，很辛苦，一定要忍耐，用心學習。」

「是，謝謝老師。」眾口皆道。

毛澤東道：「你們詩教老師是誰？」

班長答道：「蘇東坡老師教詩，目前代課，過陣子要換李白來；李清照老師教作詞。」

毛澤東道：「太好了，孔子說不做詩不能做人，所以詩教很重要。」「裕仁同學，你把〈大乘正宗分第三〉念一遍。」

裕仁起立念道：「佛告須菩提：『諸菩薩摩訶薩，應如是降伏其心：所有一切眾生……實無眾生得滅度者，何以故？須菩提！若菩薩有我相、人相、眾生相、壽者相，即非菩薩。』」

＊ ＊ ＊

毛澤東道：「對一切眾生，不論何種生命形態，都要使他們進入涅槃的境界，度過生死苦海，無量眾生都度了，這並非佛所度啊！」

岡村寧次道：「非佛所度，是誰度的。」

毛澤東道：「問的好，很多人都有這個問題。人如果自己覺悟了，成為覺者，就是悟到自己就是佛，所以是自己度自己。」

拜登道：「也就是自己救了自己，別人幫不上忙。」

毛澤東道：「正是，同學們都很有悟力。」「菅義偉同學，你起來把〈妙行無住分第四〉念一遍。」

「是，」菅義偉起立念道：「復次，須菩提！菩薩於法，應無所住行於布施。所謂不住色布施，不住聲香味觸法布施。須菩提！菩薩應如是布施，不住於相。……須菩提！菩薩但應如所教住。」

「坐下，」毛澤東道：「不住於相，就是不執著一切相，能不執著一切相而行布施，叫做無相布施。無我、無人、無物，是謂三輪體空，這種福德不可思量。」

歐巴馬問道：「老師，明明布施了，怎能說無？」

毛澤東道：「能做到不住於相，便能三輪體空，同學們可以多多領悟、思考！」

* * *

毛澤東另有一門政治課，時數較少，課目是《民主政治是人類的終結者》。上課的對象是阿鼻地獄和十八層地獄刑犯，其中刑期較短再經多層考核，查證其累世因緣，將於投胎轉世回到陽界從政。他們除了上毛澤東這門課，也上蔣中正的《一黨治理才是人類的前途》，兩門課相互配合。

地藏菩薩除了就地獄眾多受刑者，也要救陽界的人類，先把救世的政治理念種入轉世者覺識中，他們回到陽界自然去推行，若能落實，人類就得救了。

關於毛澤東這門《民主政治是人類的終結者》，沒有時間介紹他與班上同學互動及講課實況，只能略記幾點最核心之要義。

第一、為何說「民主政治是人類的終結者」？這看實證情形就很清楚。陽界凡是推行民主政治之國，必定充滿動亂、內亂、戰爭、屠殺，無一例外，再下去就是人類社會全面崩解、滅亡。

第二、之所以如此，乃陽界西方民主政治所講的「民主、人權、市場」，全被誤解誤用，全部成為政治鬥爭的工。假民主、假人權、邪惡的市場，不能給人民幸福，只有給人民災難。

第三、錯誤的制度所形成的政黨政治、媒體自由，都是為「私利」而鬥爭。所有民主政治下的兩黨政治，在野黨的唯一任務，是不擇手段搞垮執政黨，好上台謀利，證明這種制度是為禍全人類的。

以上三點只是剛要，完整的內容，毛澤東至少要講半個學期。

* * *

時間很快來到學期末，毛澤東的課已近尾聲。

「起立！」「敬禮！」

「老師吉祥！」

「各位同學好！」老師和學生都行禮如儀。

毛澤東道：「今天是我們最後一堂課，先把最後的〈應化非真分第三十二〉講完，川普同學你來念一遍。」

「是，」川普念道：「須菩提！若有人以滿無量阿僧祇世界七寶，持用布施，若有善男子、善女子發菩提心者，持於此經，乃至四句偈等，受持讀誦，為人演說，其福勝彼。……皆大歡喜，信受奉行。」

「坐下」毛澤東道：「各位同學，把全世界的寶貝都用來布施，功德還不如發菩提心受持《金剛經》。那怕只信受四句偈，為人解說，福德也勝過布施全部寶貝的人。所以這部經的四字偈很重要，大家隨我誦念一遍。」

「一切有為法，如夢幻泡影；如露亦如電，應作如是觀。」師生一同大聲念道。

毛澤東道：「不住一切相，才能隨緣說法而如如不動。為什麼？因為一切有為諸法，如夢境不真，如水泡易滅，又如出了太陽就蒸發的水珠，閃電的瞬間即滅。我們應作如是觀照啊！」

* * *

在這課程結束前，毛老師說了最大的祝福，希望同學們從《金剛經》修得很多功德，早日出獄！

班長老布希代表全班說道：「感謝老師的教導，同學們也都感受到《金剛經》的功德，會經常誦念四句偈，深深懺悔往昔罪業，期待早日出獄，轉世陽界，不再為惡，且要廣宣佛法。再次感謝老師。」

「起立！」「敬禮！」

「老師吉祥！」

「同學們加油！」

毛澤東走出教室幾步，就聽到獄卒牛頭和馬面大聲吆喝著，「教室外集合。」

欲知蔣中正班上有那些罪犯?及授課情形請看下章分解。

第四章　蔣中正講授心經　一黨治理救人類

牛頭和馬面帶著一隊人，穿過一座幽闇的地道，左邊是火海，右邊是刀山，許多「人」在裡面掙扎。這一隊「人」，其慘狀，也快不成人形。

牛頭馬面吆喝著，鋼鞭一條條落在這些「人」身上，沿途慘叫聲不斷！

這一隊人在快接近教室時，逐漸自動恢復了人形，斷手斷腳的復原了，外掉的腸肝等回到腹內，燒爛的皮肉也好了……

全隊在一間教室門口止步，門口一塊牌子，寫著「無間地獄明德管訓班第二教授班」。

牛頭下口令道：「按學號順序進教室。」所有人都在教室坐定位，全都自動恢復人形，痛苦解除，手鐐腳銬也自動解除。

馬面大聲道：「各位好好努力學習，等一下老師來，要有禮貌。」

眾人答道：「是，我們努力學習。」

牛頭和馬面身形突然轉換，變成兩個帥哥，坐在教室最後面的督導席位。

*　*　*

蔣中正手拿一本《心經》，悠閒走進教室。

「起立，」班長大聲喊道：「敬禮！」

眾皆行禮道：「老師好！」

蔣中正道：「各位同學好！」並環視整個教室，好像一眼可以看盡所有人，室內一片寂靜。

蔣中正問道：「那位是教授班班長？」

「是學生朴槿惠。」她站起來道。

蔣中正定神一看，原來是陽界曾任韓國的女總統朴槿惠，生前做錯很多事，所以來到無間地獄。

蔣中正道：「請坐，」「各位同學，今天第一次上課，就按坐次牌位點名，點到喊右。」

*　*　*

「朴槿惠」，「右」。

「傑佛遜」，「右」。

「華盛頓」，「右」。

「李登輝」，「右」。

蔣中正逐一點名，並仔細看他們身相眼神。安倍晉三、雷根、富蘭克林、林肯、麥克阿瑟、維多利亞、伊麗莎白、鮑里斯強森、杜魯道、羅斯福、伊藤博文、瑪格莉特柴契爾、陳○扁、蔡○文、林○三、吳○明、汪精衛、馬○成、邱○仁、蘇○昌、莎朗史東、慈禧、辜顯榮、辜○敏、謝○廷、游○堃、魏忠賢、金美齡、莫里森、袁世凱、賴○德、高○明、吳○培、彭明敏、李○哲、秦檜。

蔣中正逐一檢視這些重刑犯學生，有的來不久，有的已關了數百年，都是巨奸大惡，求出無期。

* * *

蔣中正道：「各位同學，無間地獄雖然刑期很長，但懺悔很重要，能誠心懺悔往昔罪業，對減刑很有幫助，希望各位能下決心懺悔。」

眾皆答道：「是，我們決心懺悔。」

蔣中正道：「聽各位宏亮的聲音，我對各位有信心。」又道：「現在利用一點時間，給大家進行懺悔，好不好？」

眾皆答道：「好，我們懺悔過去犯的罪。」

蔣中正道：「按學號順序來，每個人說出自己犯的罪過，真心懺悔，就是功德。」

眾答道：「是。」

＊　＊　＊

朴槿惠道：「我當總統貪汙，製造中美衝突，我錯了。」

傑佛遜道：「我販賣黑人，屠殺原住民，我認罪。」

華盛頓道：「我也是販賣黑人和屠殺原住民。」

李登輝道：「我當總統搞黑金政治，分裂族群。」

安倍晉三道：「我鼓動對華戰爭，製造中美衝突。」

陳〇扁道：「我貪污、搞分離主義，我該死。」

蔡〇文道：「反正我是漢奸，出賣中華民族。」

林〇三道：「我的自由時報全是假新聞，害人的。」

……

李〇哲道：「我是漢奸，我搞教改害了台灣人。」

秦檜道：「我陷害忠良，關了幾百年也該出獄了。」

* * *

蔣中正道：「我感受到大家真心的懺悔，這個功德很大。現在各位看黑板上的〈懺悔詩偈〉，隨老師大聲誦念一遍。」

往昔所造諸惡業　皆由無始貪嗔癡
從身語意之所生　一切我今皆懺悔
眾生無邊誓願度　煩惱無盡誓願斷
法門無量誓願學　佛道無上誓願成

蔣中正道：「好極了！大家能夠『一切我今皆懺悔』，就是一股很大的自救力度。」

接著道：「關於這部《心經》，我知道各位的早晚課經常誦念，二百多個字，言簡文略，含義廣博而深遠，可以說是六百卷《般若經》的最簡要綱，所以不要小看二百多字，細講要講好幾年，我們只能略說。」

＊　＊　＊

蔣中正道：「般若和世間說的智慧不同。智慧邪正兼雜，用於正途則正，用於邪途則邪。例如，科技智慧，發明醫藥可造福人群，發明武器用於戰爭殺人。但般若妙智慧不同，是純淨無染，是唯正無邪，人們用般若智慧，能自斷惑證真，能度眾生，同登安樂彼岸，這是般若的特色。大家理解嗎？」

華盛頓舉手。

蔣中正道：「華盛頓同學請說。」

華盛頓道：「在我們整個西方文明文化，只有知識和智慧，沒有所謂般若智慧。」

蔣中正道：「所以可惜，沒有般若的文明文化，會有很多邪惡的事，例如，傑佛遜、林肯、富蘭克林和你，都曾販賣黑人、屠殺印地安人，以此為功業。」

華盛頓道：「確實是，現在我們都在懺悔！」

許多同學都點頭稱是，就是要懺悔。

袁世凱也舉手道：「以後不論東方、西方，我們就要宣揚推廣般若智慧，為人民創造幸福。」

全班同學都讚美袁同學現買現賣。……

蔣中正道：「今天上課到此，下回見。」

「起立！」班長朴槿惠的口令，「敬禮！」

「謝謝老師！」眾皆大聲道。

「各位同學辛苦了！」蔣老師回禮道。

＊　＊　＊

蔣中正道：「林肯同學，把黑板上的經文念一遍。」

林肯起立念道：「觀自在菩薩，行深般若波羅密多時。照見五蘊皆空。」

蔣中正道：「請坐，」「這位聖者，能夠『觀』察諸法實相之理，得大『自在』，不為外境所轉，又能救度迷苦眾生，具有『自覺覺他』，『自利利他』的精神，所以叫做觀自在菩薩。」

蔡英文舉手起立道：「觀世音是中國民間的聖母。」

李遠哲道：「對，她的信眾最多。」

蔣中正道：「二位說的對，觀世音菩薩，修習深妙般若，功行到了極點，證到究竟涅槃時，故曰行深般若波羅密多時。」

羅斯福同學道：「涅槃和五蘊很多同學不了解。」

蔣中正道：「那些同學不了解涅槃和五蘊？」

約有半數同學舉手。

蔣中正道：「好，今日晚課我來講解涅槃和五蘊。」又道：「觀世音菩薩，觀察到四大構成的色蘊，和心理作用的受想行識，都是緣生無性，當體即空。故曰照見五蘊皆空。」

＊　＊　＊

蔣中正道：「朴槿惠班長，把黑板上這段經文大聲念一遍。」

朴槿惠念道：「度一切苦厄。舍利子。色不異空。空不異色。色即是空。空即是色。」

蔣中正道：「照見五蘊皆空，故能度一切苦厄。舍利弗！依空幻起的物質現象（色）是不異空的，為物質現象作本體的空是不異色的；那末，物質的本體就是空，空的現象就是物質。」

蔣中正講完，望望全班道：「可以了解嗎？」

眾皆答道：「了解。」……

蔣中正道：「那我們今天上課到這裡。」

「起立！」「敬禮！」

「謝謝老師！老師吉祥！」

「各位同學吉祥！」蔣中正回禮道。

＊　＊　＊

不覺間，蔣中正在第二教授班的課已過了三分之二。這一天，他悠閒的走進教室。

「起立！」「敬禮！」

「老師吉祥！」

「各位同學好，」蔣老師道：「隊職官說各位都很用功，原本無間地獄只有苦刑，今地藏菩薩慈悲大願，讓各位有機會，苦刑之外，可以讀書、修行、學佛，這樣對早日出獄很有幫助，各位要感恩。」

眾皆答道：「感恩地藏菩薩！」

蔣中正道：「很好。李登輝同學，你把黑板上這段經文念一遍。」

李登輝起立念道：「以無所得故。菩提薩埵。依般若波羅蜜多故。心無罣礙。無罣礙故。無有恐怖。遠離顛倒夢想。究竟涅槃。」

蔣中正解釋道：「因為般若能照見諸法實相，本無所得，所以菩薩依了般若法門修行而能獲到心無罣礙；由於心無罣礙，所以沒有什麼可為恐怖，因而遠離一切顛倒夢想的妄見，而證得滅度解脫的究竟涅槃。」

蔣中正說完，環視全班道：「這段經文要好好討論。」

＊　＊　＊

蔣中正道：「傑佛遜同學，這段經文你念。」

傑佛遜同學念道：「三世諸佛。依般若波羅蜜多故。得阿耨多羅三藐三菩提！」

蔣中正道：「不僅菩薩依了般若，而獲到究竟涅槃；就是現在、過去、未來的三世諸佛，在因地中莫不同樣的依此般若勝妙法門修行，而證得無上正等正覺的圓滿佛果啊！」

蔣中正解釋完，看看大家，道：「有不解之處嗎？」

富蘭克林問道：「阿耨多羅三藐三菩提，為什麼不直接翻成無上正等正覺？」

蔣中正道：「這是順古不翻，一種原則。」

辜寬敏問道：「人生實相究竟是什麼？」

蔣中正道：「簡言之，緣起性空。」道：「沒問題的話，今天上課到此。」

「起立！」「敬禮！」

「謝謝老師！」

「謝謝各位同學，大家加油！」蔣老師回禮道。

＊　＊　＊

蔣中正這回應邀到地獄，除了講《心經》，另配合毛澤東講〈一黨治理才是人類的前途〉。蔣毛的政治課是互補完整的，針對阿鼻地獄和十八層地獄中，刑期短表現好，依其因緣回陽界從政，先把可以挽救人類的政治理念，種入他們覺識中，回陽界自會推行這種制度。

蔣中正在該班的上課實況很熱烈，顯示政治是有吸引力的東西，沒有時間臨場去聽講，只能簡記其核心要綱如下。

第一、一黨治理最大的好處，是可以專心專職執行國家的五年、十年、百年大業，維持社會安定安全繁榮。所以一黨治理，最能為人民創造幸福。反之，兩黨或多黨治理，只有動亂和戰爭。

第二、人民能夠幸福生活，表示包含「人權」和「民主」也實現，並合乎民心；反之，若始終處於動亂戰爭，人民過著悲慘的日子，高談民主人權沒有意義。所以，一黨治理才能真正落實人權和民主。

第三、一黨治理的真實典範，是古來在陽界神州中華民族建立的中國，他們五千年來都是一黨治理。改朝換代只是汰舊換新的必要作為，仍是一黨治理，才進入二十一世紀，中國已是地球上最繁榮、強盛、幸福之國；而那些搞民主人權號稱「民主政治」之國，仍在動亂戰爭中，各黨只謀私利，不管人民死活。

＊　＊　＊

蔣中正在無間地獄上的《心經》課，來到了尾聲。

這一天蔣老師悠閒的進了教室。

「起立！」「敬禮！」

「老師吉祥！」全班宏量的聲音。

「各位同學都吉祥。」「開課以來，各位都很用心學習，今天是最後一次課……」

蔣中正說道。

「我們也喜歡老師來上課。」一些同學的說話聲。

「教學相長，老師也獲益，」蔣中正道：「秦檜同學，你把這段經文念一遍。」

「是，」秦檜起立念道：「故知般若波羅蜜多。是大神咒。是大明咒。是無上咒。是無等等咒。能除一切苦。真實不虛。」

蔣中正解釋道：「照上面所說，依了般若而修可以得證菩提涅槃，那末，無疑的般若是一種大神力的咒，是一種大光明的咒，最高的無上咒，超絕無比的咒！它的功力是能除一切苦，這是真實不虛的事。」

蔣中正說完道：「大家了解嗎？」

羅斯福同學舉手道：「咒的內涵是什麼？」

蔣中正道：「咒語是一種密語，諸佛秘密不思議之語，凡夫二乘所不能知，只宜密持密受，不可明解。只要誠心誦持，就有不可思議的功德。」

麥克阿瑟道：「真有這種事?真能除一切苦?」

蔣中正道：「真實不虛。」

* * *

蔣中正道：「慈禧同學，妳把最後這段念一遍。」

「是，」慈禧起立念道：「故說般若波羅蜜多咒。即說咒曰。揭諦。揭諦。波羅揭諦。波羅僧揭諦。菩提薩婆訶。」

「請坐，」蔣中正道：「依般若得度，去吧!度到彼岸，大家都到彼岸，快快來成就無上佛菩提啊！」

維多利亞同學舉手道：「咒語還是解釋的好，大家才了解真義。」

蔣中正道：「不論過去或現在，咒語都不主張解釋，只要一心誦持，便能心咒相契，自得密益，若一落心思，便成知見渣滓。」

「原來如此。」眾皆嘆道。

＊　＊　＊

在最後的一點時間，蔣中正讓大家自由發問。

魏忠賢舉手道：「所謂能除一切苦，能除地獄之苦嗎？」

蔣中正道：「能除一切苦，這一切當然含地獄之苦，關鍵在是否發了菩提心。」

維多利亞舉手道：「我關在無間地獄很久了，最久是秦檜和魏忠賢二位同學，好幾百年了。長期以來，我們也常誦念《心經》，也念《金剛經》，但出獄好像遙遙無期，不知道功德在那裡？」

蔣中正道：「這可能涉及罪業的問題，罪業未了，因緣未到。不過你們要相信地藏菩薩，祂比你們急啊！祂每天都在想方設法讓你們早早出獄，祂也輕鬆！」

眾皆點頭嘆道：「是啊！」

蔣中正道：「總之要發菩提心，」「我們課就到此結束，希望下回我再來時，你們都出獄了！」

「謝謝老師。」

班長口令道：「起立！」「敬禮！」

「老師吉祥！」

「各位同學吉祥！」蔣中正回禮道。

蔣老師一步出教室，就聽到牛頭馬面的吆喝聲……

第五章　地獄咖啡廳雅座　蔣毛聊岡村寧次

正當蔣毛在無間地獄的課，接近尾聲時，李清照約蔣毛二人到宿舍區咖啡廳雅座吃簡餐。

見面時，毛澤東先問道：「易安，怎麼想到要請我們吃飯？」

李清照道：「二位遠道而來，請你們吃地獄風味餐，有不同於其他世界的特色。」

蔣中正道：「今天下課時，我遠遠看到妳去『明德管訓中心』，知道妳去辦事沒叫妳。」

李清照道：「是呀，去看一個親戚。」

蔣毛二人同時驚訝道：「親戚！……誰啊！」

李清照道：「表哥秦檜，我沒告訴二位！」

氣氛一時有些凝結，片刻……

蔣毛二人同時道：「他是妳表哥！」語氣還怪怪的。

李清照道：「我大他四歲，他太太王氏是我表妹。我本來對他很討厭，害死岳飛的壞蛋，前兩次來當志工都不想去看他。現在我想，他也關了一千多年了，為鼓舞他改過向善，就去看看他。當時夥同陷害岳飛的，還有秦檜妻子王氏、萬俟卨和張俊三人，現在還在十八層地獄，我表妹王氏也去看過。」

毛澤東道：「原來如此。」

蔣中正道：「原來妳們有這層因緣。」

李清照道：「不好的因緣，逃也逃不掉。」

蔣中正道：「因緣不能逃，接受並妥善處理。」

李清照道：「是呀！我也知道。」

＊　＊　＊

他們一邊聊著秦檜這個人，一邊吃著地獄風味餐。

這裡的菜色在其他世界都沒有，也是特色。但蔣毛二人基本上已是「不住色聲香味觸法」的人，所以很平常心享用著，內心感謝李清照的邀約。

餐後，李清照說要先回辦公室，就先離席了，蔣毛說要再坐坐。

＊　＊　＊

李清照離席後，毛澤東「呀」的輕嘆一聲。

蔣中正道：「久未聞潤之兄嘆氣了！」

毛澤東道：「有些因緣就是躲不掉，始終跟著你我，就像李清照和秦檜、王氏。」

蔣中正道：「怎麼說？誰跟著你我。」

毛澤東道：「你記得岡村寧次吧！」

二人眼睛同時一亮，蔣中正道：「記得才清楚呢！」

毛澤東道：「在陽界我們為他爭得死去活來，現在竟然在這裡碰到他。」

二人打開了一個話題，回顧那件轟動陽界的事。

＊　＊　＊

蔣毛的話題，回到陽界二戰後的神州大地。

毛澤東道：「當時中國戰場上的頭號戰犯，岡村寧次本應判死刑，你為何讓他無罪脫身，回日本養老？」

蔣中正道：「主要是我想利用他，另外他和國民黨很多大員，有深厚的友誼、私交。」

岡村寧次和國民黨要員私交好，在他一九四六年五月二十一日的日記也記述。一九四八年時，岡村寧次生病，國民黨大將級人物，湯恩伯、曹士澂、陳昭凱等人都去探病，甚至何應欽強烈主張岡村無罪，這些當然都是順著蔣中正的心意，必須「保住」他，不能讓他死！

毛澤東道：「你要怎麼利用他？」

蔣中正道：「說來複雜，總歸一言，用他反共。」

毛澤東道：「當時我也發表公告，他就是戰犯，屠殺多少中國百姓，不能放走。」

蔣中正道：「這我知道，但要利用他救我，當時我的國民黨軍兵敗如山倒。」

「哈、哈」兩人笑成一團。

* * *

為了救岡村寧次，由國民政府國防部於一九四八年一月二十八日召開一個會議。會中由曹士澂提出意見書，強烈主張岡村無罪：

岡村寧次在中國的作戰指揮，都是遵循著日本大本營的命令而行。在這段期間，他不只不曾下達虐殺的命令，還曾經嚴令濫殺無辜。岡村並沒有直接參與殺害中國人民，也沒有人這樣告發過他。不只如此，岡村在戰後積極遵從中央政府的命令，不將武器轉交給中共，在終戰處理方面也頗有功勞，不是嗎？在政治上，也有應當判處岡村無罪的理由。

毛澤東道：「曹士澂的意見書，應是遵循你的旨意，你希望放他回日本，他會感恩，在日本配合反共鬥爭。」

蔣中正道：「正是。所以，那份意見書最後一段話：岡村一向堅守反共立場，若是將他處以死刑，正好中了中共的意。相反地，將他釋放回日本，則是相當有利的決定；岡村必定會感恩這份情義，在日本繼續持反共立場，並且很有可能在將來的反共戰爭中，成為支持中國的一股力量。」

毛澤東道：「但歷史證明他辜負了你。」

蔣中正道：「其實我晚年時很後悔這件事。」

* * *

毛澤東道：「原來何應欽、湯恩伯、曹士澂、陳昭凱等人，對日本都有深厚的私情。但這樣對中國人民說不過去，對民族大義也有所虧欠，是不是？」

蔣中正道：「有一些，以德報怨政策後來我也後悔，日本人根本不感恩。」

毛澤東道：「日本這個種族很邪惡，他們還企圖發動第四次「亡華之戰」，可惡之極！」

蔣中正道：「怪我太天真了，以為他們知恩義。」

毛澤東道：「我對大和民族向來不放心，他們是「大不和民族」，不是嗎？」

蔣中正道：「你的觀察比較正確。」

毛澤東道：「最後怎麼判決岡村？」

* * *

岡村的最終審判，是在一九四九年元月二十六日展開，接近中午開庭審理。在上海戰犯法庭，審判長是石美瑜法官，他在戰後以重判漢奸而聲名鵲起；對屠殺中國人民的酒井隆、谷壽夫、向井敏明、野田毅等屠夫，都下達死刑判決。但對岡村一案，他無可奈何！

中午時，石美瑜將陸超、林健鵬、葉在增、張身坤四位法官叫到審判長室，取出已經蓋上國防部長徐永昌大印，寫著「無罪」兩字的判決書，說：

我必須坦白告知各位，這起案件已經由高層決定了。我對此無能為力，大家就在這份判決書上簽字吧！

毛澤東道：「我真同情這些法官。」

蔣中正道：「沒辦法，我有需要。」

當石美瑜那樣一說，室內空氣一下子凍結了，石美瑜接著又說道：

我很清楚大家的心情，因此也無法勉強各位。只是，在隔壁房間裡，國防部派來的軍法官已經在那邊待命了。就算我們不署名，他們也會立刻接手整起案件，結果還是一樣的——唯一不同的就是接下來，我們會被全體帶到警備司令部的地下室去而已。

石美瑜說到這裡，所有法官都默默的拿出筆，在判決書上簽名。再次開庭，石美瑜在法庭上宣佈判決結果：「宣讀主文。被告岡村寧次，無罪。」

新聞一公佈，舉國譁然。

毛澤東道：「介石兄，這時我知道，你已把自己玩完了！可以說沒救了。」

蔣中正沉默了！不知道怎麼說，太複雜了！有些私心私情說不出口，永遠不能說。

＊　＊　＊

毛澤東：「就在你判岡村無罪的過兩天，我發表一份全國談話，記得吧！」

蔣中正道：「記得把我修理一頓。」

「哈、哈」兩人笑成一團。

蔣中正道：「當時真是瘋了！」

毛澤東道：「真瘋了！我們都瘋了！」「一九四九年元月二十八日，『中共發言人關於命令國民黨反動政府重新逮捕前日本侵華軍總司令岡村寧次和逮捕國民黨內戰罪犯的談話』，這是嚴重聲明。」

蔣中正道：「當時民心一面倒向你，我壓力很大。」

毛澤東道：「在這篇〈談話〉，我開宗明義說：日本戰犯前中國派遣軍總司令岡村寧次大將，為日本侵華派遣軍一切戰爭罪犯中的主要戰爭罪犯，今被南京國民黨反動政府的戰犯軍事法庭宣判無罪。中國共產黨和中國人民解放軍總部聲明：這是不能容許的。中國人民在八年抗日戰爭中犧牲無數生命財產，幸而戰勝，獲此戰犯，斷不能容許南京國民黨反動政府擅自宣判無罪。」

蔣中正道：「其實這時我已警覺到，為一個岡村寧次，失去全國民心，後果嚴重，但已做了。」

毛澤東道：「你確實誤判情勢！」

＊　＊　＊

蔣中正道：「私心和對日本的天真形成誤判。」

毛澤東道：「很可惜……」又道：「這篇〈談話〉我還提示：全國人民、一切民主黨派、人民團體以及南京國民黨反動政府系統中的愛國人士，必須立即起來反對南京反動政府方面此種出賣民族利益，勾結日本法西斯軍閥的犯罪行為。我們現在向南京反動政府的先生們提出嚴重警告：你們必須立即將岡村寧次重新逮捕監禁，不得違誤。此事與你們現在要求和我們進行談判一事，有密切關係。」

蔣中正道：「判無罪，再逮捕他，臉拉不下來啊！」

毛澤東道：「是啊！尊嚴也拉不下來。」

蔣中正道：「此時我已下野，也覺得事態嚴重，為一個岡村寧次，損害民族利益，甚至你說的勾結日本，我真的不能承擔！」

毛澤東道：「局勢對你大不利！」

＊　＊　＊

蔣毛二人在地獄咖啡廳雅座，一聊便不可收拾，他們喝完咖啡，又叫了一瓶啤酒。（地獄裡無酒精啤酒）邊喝啤酒邊聊下去。

毛澤東道：「我們在陽界鬥的死去活來，到極樂世界才開誠佈公，真心說些心事，也算好兄弟。」

「好兄弟！」二人擊掌同聲道。

毛澤東道：「以你我的經歷，我突然想起一副對聯：**政見之爭如仇敵、骨肉之情如兄弟**。記得誰說的嗎？」

蔣中正道：「記得，我死時張學良祭我的輓聯。」

毛澤東道：「你沒殺他算是一份情，但你殺了楊虎城，為什麼？」

蔣中正道：「西安事變時，楊虎城主張殺我，張學良反對，所以楊必須死。」

毛澤東道：「原來如此，那麼，他該死！」

＊　＊　＊

毛澤東道：「我那篇〈談話〉，在全國引起熱烈的迴響，那時你已下野。」

蔣中正道：「你的談話，像是百萬大軍向我壓下來，還有全國民意沸騰，軍事又失利，我只故做鎮靜。」

毛澤東道：「那篇談話確實有強大殺傷力，我還列了一批要逮捕的戰犯，有……」

蔣中正道：「你列了四十三個戰犯要逮捕，主要有：宋子文、陳誠、何應欽、顧祝同、陳立夫、陳果夫、朱家樺、王世杰、吳國楨、戴傳賢、湯恩伯、周至柔、王叔銘、桂水清等。還有，我當然是頭號要犯。」

毛澤東道：「是啊！不過，那篇〈談話〉我也有誤判，裡面說：特別重要的是蔣介石，該犯現已逃至奉化，很有可能逃往國外，托庇於美國或英國帝國主義，因此，你們務必迅即逮捕該犯，毋令逃逸。」

蔣中正道：「我才不會跑到國外。」

毛澤東道：「後來我知道你絕不會去國外，因為你珍惜自己的歷史定位。」

＊　＊　＊

蔣中正道：「我們都珍惜歷史定位，所以下野時我也在反省，是不是自己受到「親日派」何應欽、湯恩伯、曹士澂等人影響，導至失去中國民心！」

毛澤東道：「這影響很大。」

蔣中正道：「親日派確實對日本軍人有一種不可說的「私交」，例如湯恩伯在一九四八年十二月七日，把岡村寧次請到自宅邸餐敘，這是什麼玄機？」

毛澤東道：「戰將與戰犯私下共餐，很詭異！」

蔣中正道：「我陣營也有主張岡村定罪，國防部長白崇禧，曾在一九四七年六月，向我提一個報告〈關於岡村寧次的處理方案〉，對他先判刑，再減刑或特赦，表現我們守法和寬大的政策。只是我沒有採用。」

毛澤東道：「白崇禧的案可能對你較有利。」

蔣中正道：「應該是。」

* * *

「地獄咖啡廳」，全年無休，全天開放，但並非所有人都可以進去。犯人是不能來的，主要是負責地獄管理者、來賓、各世界參訪、工作、講學等人員，才能進來，畢竟這裡是地獄，需要特別管控。

蔣毛是西方極樂世界的修行者，又是地藏菩薩請來的佳賓，特別受到親切的招待和服務。無論他們吃什麼？喝什麼？都是免費，離開還有伴手禮。

二人聊著，忽然聊到「咖啡廳」。

毛澤東道：「你有沒有發現在陽界、極樂世界和地獄，三個世界都有咖啡廳，差異很大。」

蔣中正道：「是有很大不同。」

毛澤東道：「陽界就不說了，西方極樂世界的咖啡廳無形無相，隨個人心識需要而變現。地獄咖啡廳的空間和椅子會自動變換，我們聊久了，椅子自動變牀。」

蔣中正道：「還有自動隔間很好，雖有很多人，但望出去很平靜，我們好像坐在花園裡。」

＊ ＊ ＊

二人一同從咖啡廳回宿舍休息，半路上。

毛澤東道：「你判了岡村寧次無罪，後來你率百萬軍民去了台灣，聽說他對你也做了回報！」

蔣中正道：「是有，成立了一個秘密組織叫「白團」，等於是日本在台的地下軍事顧問團。」

欲知何謂「白團」？請看下章道來。

第六章　到底什麼是白團　蔣毛閒話說春秋

這是蔣毛在地獄課程已全部結束的時候，最後有兩天的悠閒，二人又到地獄咖啡廳雅坐、聊著未完的話題。

毛澤東道：「你放岡村回國，他一定很感恩你。」

蔣中正道：「這是當然。他是一九四九年二月四日到達橫濱港，回到日本就開始思索如何建立「舊陸軍參謀──岡村──蔣介石」之間的反共連線。」

毛澤東道：「岡村寧次和日本舊陸軍參謀有深厚的關係，他們要報答你的恩情，這是應該的。」

蔣中正道：「所以我派出我的得力代表曹士澂，到日本和岡村密商。曹士澂於一九四九年五月三十日，向我提報密商結果，可以組建「東亞國際反共軍」的構想，以當時國際情勢言，較容易達成。」

毛澤東道：「聽起來很偉大，實踐才是問題。」

蔣中正道：「岡村和曹士澂有實施方案三點：

第一、組織戰時政府，建立軍事第一的體制。

第二、外交方針以發動東亞反共大同盟為主，以東京為據點。

第三、建立東亞國際反共軍。第一步首先建立東亞反共情報組織，設總部於東京，並設分部於馬尼拉和新加坡。同時在台灣和菲律賓，組建聯合參謀團。」

毛澤東道：「我認為，這近乎空談。」

蔣中正道：「所以我修改了。我給曹士澂的指令是：為中國陸軍之改善以及東亞反共聯合軍之組建，茲招募優秀之日本軍官，在教育、訓練，制度設計方面提供協助，並應情勢需要，命其參加反共作戰；中日雙方各出二十五人，組成幕僚團。」

毛澤東道：「好像組一支日本傭兵打反共作戰。」

蔣中正道：「好像箭在弦上，不得不發，也想不出別的辦法。這是大陣仗，我方配合的人有：張群、朱逸民、湯恩伯、鄭介民；日方配合的人有：岡村寧次、澄田賚四郎、十川次郎、小笠原清。」

毛澤東道：「都是A咖，應該有一點作為。」

＊　＊　＊

經過雙方人馬在「極機密」狀態下努力，終於有了成果。一九四九年九月十日這天，兩方人馬在東京高輪一個小旅館密會，雙方簽署「盟約書」，以「歃血為盟」的形式完成。「盟約書」的開頭是：

中方代表：曹士澂

保證人：岡村寧次

受聘者代表：富田直亮

這位受聘者代表富田直亮，在台灣代名叫「白鴻亮」，日本軍人在台灣的總負責人，也是後來「白團」名稱來源的人物。他們在台灣完全是「地下工作人員」，始終沒有公開。

＊　＊　＊

在這場簽署「盟約書」儀式中，出席的日方人員，除岡村寧次、小笠原清、富田直亮以外，還有以下十一位（其中瀧山三男未到台灣任職）：

佐佐木伊吉郎・前陸軍大佐（陸士三十三期）

瀧山三男・前陸軍大佐（陸士三十四期）

鈴木勇雄・前陸軍大佐（陸士三十六期）

守田正之・前陸軍大佐（陸士三十六期）

杉田敏三・前海軍大佐（海兵五十四期）

酒井忠雄・前陸軍中佐（陸士四十二期）

內藤進・前陸軍中佐（陸士四十三期）

伊井義正・前陸軍少佐（陸士四十九期）

河野太郎・前陸軍少佐（陸士四十九期）

藤本治毅・前陸軍大佐（陸士三十四期）

荒武國光・前陸軍大尉（陸軍中野學校）

＊　＊　＊

毛澤東道：「我有個疑問，你手下戰將如雲，這些日本軍人對中國的了解，絕不比你的戰將多，能有多少功效？你想過嗎？」

蔣中正道：「戰將多，三大戰役慘敗！」

毛澤東道：「這也是奇，三大戰役你一百三十萬大軍被殲，戰將降的降、跑的跑！」

蔣中正道：「我只得死馬當活馬醫。」

毛澤東道：「也是吧！到了一九四九年十月，我的紅軍已幾乎控制全中國，你退守四川，看那幾個日本人能否改變戰局？」

蔣中正道：「這年的十一月三日，富田直亮和荒武國光二人先遣到台北，我立即用軍機送他們到重慶，十一月十八日我也趕到重慶，指示二人到前線視察。」

毛澤東道：「此時我的部隊正準備攻入四川盆地。」

蔣中正道：「富田二人到南川軍司令部，見了司令官羅廣文軍長，又到最前線視察。二十三日，富田提出一個報告，共軍一路從東沿長江逼近，另一路從南通過滇緬公路北上，還有一路從漢中南下。因此，絕不能讓共軍攻入四川盆地，必須在未入盆地前，我軍先發動攻勢，便有機會挽回形勢。」

毛澤東道：「他的判斷算很正確。」

＊　＊　＊

然而，局勢快速惡化，共軍已突破重慶防線。二十七日，蔣中正召喚富田和荒武，要他們隔天的飛機回台灣，眼見戰況無可挽回，決心放棄重慶。包含蔣中正在內的許多政府官員、部隊撤退回台灣，這一天是一九四九年十二月七日。

除富田和荒武外，另十五名白團成員也在十二月七日這天，帶著岡村寧次給蔣中正的親筆信，一行人乘「鐵輪號」從橫濱出發，前往台灣。此後，他們的任務轉變成協助策訂「反攻大陸」的復國大業。

* * *

退守台灣之初，蔣中正也好，白團也好，確實積極在想方設法，規劃反攻大陸的作戰方式。一九五〇年元月，富田向軍訓團教育長彭孟緝提出一項以「神風特攻」為藍圖的提案，彭孟緝再提交蔣中正的篇名為〈關於空軍突擊隊編成之意見〉，具體執行計畫為：

第一、由空軍提供三十一架飛機（作戰機二十五架、預備機六架）。

第二、各機配備五百磅炸彈一枚，一百磅炸彈六枚，由於命中率是百分之百，所以只要一架飛機，就可以爆破七艘共產黨的船隻，若是出動二十五機，就有可能摧毀一百七十五艘船隻。

第三、全體需求人員，包括校官和尉官在內共八十二名；為達成此需求，可以在日本募集人員。

第四、該部隊直屬於空軍總司令部。

彭孟緝對該案總結說：「據白團長（富田）表示，中國空軍的能力非常優秀，因此這種作法十分值得參考，故希望能夠考量是否採用本計畫。」蔣中正並未採用該案，有什麼顧慮？不得而知。

＊　＊　＊

正當蔣毛聊著白團的事，老遠看到李清照走來。

李清照坐定位，也叫了一杯咖啡。

毛澤東道：「看妳當志工，好像事情很多很忙！」

李清照道：「因為明德班共有十二個班，各種罪惡的受刑人都有，有的很難纏。」

蔣中正道：「到了無間地獄還有什麼難纏的？」

李清照道：「有，例如第三、四、五教授班，是陽界美國 NCC、英國 BBC、台灣自由時報和民視等一些很邪惡的記者，他們一輩子都在用假新聞傷人，乃至殺人，製造族群分裂，這些人很難教化，中毒太深。」

蔣中正道：「原來如此。」

毛澤東道：「妳今天來所為何事？」

李清照道：「來告訴二位，過兩天我的工作全部結束，二位和我就要離開，你們尚有一天時間可悠閒，兩天後的上午我來接二位，我們就在這裡見面。」

蔣毛齊稱道：「好。」

三人聊一下，李清照就先離開了。

＊　＊　＊

毛澤東道：「我們倆的故事真是精彩。」

蔣中正道：「很精彩，你最精彩。」

毛澤東道：「其實我覺得，你對白團的運用太晚，如果能早一年多，三大戰役前就有白團參與，局勢可能有所不同。你到一九四九年底用白團，來不及了！」

蔣中正道：「我想也是。」

毛澤東道：「你沒有採用富田的神風特攻案是對的，因為人只有白死，大部隊不能登陸，老美也反對。」

蔣中正道：「老美我始終不信任。但後來白團被老美發現，強烈反對，只好減少白團成員，最多時有七十六人，減到二十多人，名稱也從圓山軍官訓練團，改成實踐學社，徹底的地下化。」

＊　＊　＊

關於白團，一九六五年八月底，實踐學社解散。白團剩五人，改稱「實踐小組」，於一九六五年九月一日，納入到蔣緯國任校長的陸軍指參大學，他們任務有四：（一）協助陸軍總部、（二）協助作戰發展司令部、（三）協助陸軍指參大學、（四）在其他地方進行協助。

一九六八年實踐小組也解散，次年，一九六九年元月十三日，白團全體成員回到日本，二月在東京舉行了解散儀式。

白團在台工作二十年（一九四九——一九六八），像是「地下顧問團」、「無名教官團」，這是他們的「感恩之旅」。

＊　＊　＊

毛澤東道：「說是他們個人的感恩之旅，這我相信，但絕不是這個國家會對中國表達感恩。」

蔣中正道：「最初我太天真，所以發表了以德報怨政策，就是想到日本會對中國感恩。」

毛澤東道：「其實這是不可能的。」

蔣中正道：「因為我的陣營裡，含我自己在內，都是留學日本，所以對日本有一種私情，影響了我們很多對日決策作為。」

毛澤東道：「個人的感恩很微弱，時間又短。」

蔣中正道：「那幾人死了，感恩便結束了。」

毛澤東道：「日本這個國家，地小又欠資源，位於危險地帶，隨時會亡國亡種，才一直要向大陸發展。」

蔣中正道：「所以日本是中國永遠的天敵。」

毛澤東道：「沒錯，直到他們滅亡為止。」

＊　＊　＊

毛澤東突然換了話題道：「介石兄，回到極樂世界有沒有什麼新生活？」

蔣中正道：「每天過著極樂生活吧！」

毛澤東道：「我有個主意，你有沒有興趣？」

蔣中正道：「說說看！」

毛澤東道：「你想不想回陽界看看？」

蔣中正道：「想過，但也沒事，一人無聊，也就打消了念頭。」

毛澤東道：「我們有伴可以一起回陽界。」

蔣中正道：「問題是回去做什麼！」

毛澤東道：「……重遊三大戰役古戰場，我們再玩一次原來的遊戲……你看怎樣？」

聽到三大戰役古戰場，再玩一次遊戲，蔣中正兩眼發亮道：「太好了！好主意！」

毛澤東道：「就這麼說定了！」

蔣中正道：「說定。」

毛澤東道：「我們還可以邀易安一起去，三人同行，陽界之旅，妙啊！」

蔣中正道：「女人對戰爭遊戲不會有興趣。」

毛澤東道：「她來時問就知道。」

＊　＊　＊

蔣毛在約定的時間前，先到咖啡廳等李清照。

不久看到李清照走過來，手上拿著一些東西。

坐定後，李清照道：「這是二位的證件、地藏菩薩的感謝狀、伴手禮等。」

蔣毛同時笑納說：「真是豐收，感恩啊！」

李清照道：「回極樂世界的程序都為二位安排好了，感恩我們三人有這段緣，我也要回忉利天了。」

毛澤東道：「我們有個主意要和妳商量。」

李清照道：「請說。」

毛澤東道：「我和介石兄打算回陽界走走，重遊我們的三大古戰場，想約妳同行，妳意下如何？」

李清照思索片刻，道：「可是，最近我已取得非想非非想處天的簽證，我回忉利天，就要搬去非想非非想處天，可能要花一些時間。」

蔣毛同聲道：「沒關係，我們也不急。」

李清照道：「那我們留下聯繫密碼、訊號和咒語，事情辦完後，再約見面時間地點。」

毛澤東道：「好，就這麼辦！」

「好。」同聲道好後，他們各自回到自己的世界。

第七章　三人錦州相見歡　排兵佈陣遼西戰

錦州市北邊的義縣奉國寺裡，住持正在主持藥石。

食畢，唱誦〈結齋偈〉：「薩多喃三藐三菩陀……供飯已訖　當願眾生　所作皆辦　具諸佛法。」

誦〈回向偈〉

慈悲喜捨遍法界　惜福結緣利人天
禪淨戒行平等忍　慚愧感恩大願心

＊　＊　＊

過堂結束，和尚依序離開齋堂。行堂、打板也都離去了，寬大的齋堂，靜得可以聽到自己的呼吸聲。

住持是一百一拾三歲的老和尚，只剩他一人端坐在位置上，他閉目傾聽，好像聽出或感覺到齋堂裡，有來歷不凡的眾生。

片刻，老和尚道：「各位大德現身吧！各位遠道而來，老朽未能遠迎，罪過！」

三人心頭一驚，想必老和尚必有天眼，立就現身道：「我等不請自來，打擾清修，請見諒。」

老和尚一見三人道：「原來是偉大的領導者駕臨，蓬蓽生輝啊！請坐！」

蔣毛同時道：「那裡，能和法師一見才是有緣。」

李清照道：「原來法師認識你們兩個。」

老和尚道：「認識，我是一九四八年出生，今年二〇六〇年了，老衲一百一拾三歲了，當然認識這兩位，一個毛主席，一個蔣總統，都是民族英雄，課本都這樣寫。」

毛澤東道：「不知大師法號為何？」

老和尚道：「貧僧俗姓李，山東濟南人，法號一泉，是奉國寺住持。」

蔣中正道：「原來是一泉大師。」

一泉大師道：「不知這位女施主是……」

李清照道：「在下李清照，我們都是同道。」

毛澤東道：「大詞家李清照，法名易安居士，你們同鄉。」

一泉大師道：「失敬，我年輕時最喜歡你的詞。」

＊　＊　＊

他們閒聊一陣後，一泉大師請他們到寮房休息。

三人告訴一泉大師，不便久留，天亮便離開。

三人在寮房禪坐，閉目休息。

天亮他們便開始古戰場之旅。

蔣中正道：「我們現在已經在遼西會戰的戰場上，錦州是進入東北的門戶，佔領錦州，就切斷東北的陸路聯繫，地位重要。」

毛澤東道：「這場會戰，在我方叫遼瀋戰役。」

＊　＊　＊

遼西會戰前東北軍事一般狀況

抗戰勝利前，中共勢力在東北並不存在。而是日本投降前，蘇聯對日宣戰，派兵佔領東北，日本投降後，阻止國軍接收，掩護中共部隊進入。

中共最初進入東北的部隊，是林彪和長城內外八路軍部隊，共約十萬人。後到一九四六年二月擴張到三十萬人，號稱「東北民主聯軍」。

國軍一直到一九四五年十一月，才從葫蘆島進入，接收沿海地區。進入東北的部隊，是國軍精銳「中國遠征軍」，有豐富的作戰經驗，逐步收復瀋陽、四平、長春、吉林、哈爾濱、遼源、通遼等地，有擊退林彪「東北民主聯軍」的實力和可能。可惜因美國調停下三次「停戰令」，國軍士氣衰弱，共軍乘機擴充實力。

因應東北不利情勢，蔣中正令陳誠成立「東北行轅」，統一軍政，兵力有四十萬。但因國軍掌握的是「孤立的點」，共軍掌握戰爭面，一九四八年三月，林彪拿下四平，長春、瀋陽都陷入孤立。國軍對東北的運補，除錦州外都依靠空運，只好換衛立煌接任東北行轅主任。

衛立煌接任後的東北，已明顯不利。國軍只控制長春、瀋陽、錦州三個孤點，總兵力增加到五十萬，但林彪正規軍達七十萬，尚不含各省地方武力。

會戰前毛澤東的兵力部署

一九四八年九月一日，毛澤東在哈爾濱召集林彪等高級將領開會，要求林彪所部從九月一日起，五個月內解放全東北。

九月七日，毛澤東發布「關於遼瀋戰役的作戰方針」，按此方針之戰略，須置長春、瀋陽於不顧，集中主力在錦洲、山海關和唐山一線，並準備殲滅增援錦州的國軍。林彪雖反對，但毛澤東堅持，乃對大局有利。

會戰前蔣中正的兵力部署

一九四八年元月，衛立煌接東北行轅主任，會戰前（四月），東北的國軍部署：

第一兵團（鄭洞國）：守長春。

第八兵團（周福成）：守瀋陽。

錦州指揮所：負責山海關至錦州守備。

機動部隊（有十七個師）：部署瀋陽周邊地區。

在錦州的部署，由東北剿總副總司令兼錦州指揮所主任的范漢傑負責，他以第六兵團（盧睿泉）守錦州，新五軍守山海關，第五十四軍守錦西、葫蘆島。

＊　＊　＊

針對雙方的戰略部署，蔣毛都看出一些玄機。

毛澤東道：「你的國軍部署不錯，只待我紅軍攻勢目標顯露後，無論企圖奪取長春、錦洲或瀋陽，你都可以迅速以十七個師的機動部隊，與防守部隊，夾擊我的紅軍，殲滅我紅軍主力。」

蔣中正道：「你的部署也高明，林彪反對是從軍事著眼，你從大局著眼。遼西走廊狹窄，不利大軍迴旋運動，我國軍如東西夾擊，錦州無論拿下與否，都有被全殲的危險；你從全局著眼，奪取錦州可斷我國軍退路，一舉殲滅東北國軍。若先取長春，國君包袱一丟，反堅定瀋陽主力退守遼西走廊的決心，不利大局。」

李清照道：「你們的話我聽懂，就是不了解。」

毛澤東道：「我們在玩男人的遊戲。」

李清照道：「那我去看風景名勝。」

蔣中正道：「神州大地名勝古蹟美景，不計其數，寶貝無限多，看一千年也看不完，難得回來，好好觀賞，不虛此行。」

* * *

毛澤東的作戰構想與攻守之策

毛澤東決心發起攻勢：以少數兵力監視長春，集中六十萬大軍於遼西攻打錦州。先阻止來自錦西及瀋陽的援軍，在主力擊滅錦州國軍後，再行殲滅援救錦州的援軍。

攻守之策：以一個縱隊（約國軍一個軍）監視長春，阻止其突圍；三個獨立師部署遼南，監視瀋陽，阻止其從營口撤退；五個主力縱隊攻錦州；兩個縱隊部署塔山，阻止錦西援軍；兩個縱隊置於彰武以南；兩個縱隊置於柳河、繞陽河以西，阻止瀋陽援軍。

＊ ＊ ＊

蔣中正的作戰構想與攻守之策

採守勢作戰。控制強大機動部隊，待確認紅軍主力指向，迅速相機殲滅其主力。衛立煌的意見和蔣中正不同，但蔣中正堅持大局著眼，勝利關鍵不在確保瀋陽或錦州，而在殲滅紅軍主力。因此，以錦州為餌，決戰錦州。

一九四八年九月二十四日，蔣中正令衛立煌編組西進兵團以解錦州之圍，再從關內增兵三個軍，從錦西東進，夾擊紅軍。

瀋陽主力的運用：一方固守瀋陽，再以二分之一到三分之二的兵力，先經彰武截斷紅軍聯絡線，再夾擊紅軍，捕殲其主力。攻守之策部署：

西進兵團：由瀋陽國軍主力編成，第九兵團司令廖耀湘指揮，轄十二個師又一旅兩團。

東進兵團：由關內調三個軍又一個師，會同駐錦葫地區的五十四軍編成，調第十七兵團司令侯鏡如前往指揮，轄十三個師。

錦州守軍：兩個軍共七個師（欠一團）兵力。

* * *

針對遼西會戰（遼瀋戰役），雙方作戰構想，攻守之策的佈局，蔣毛心中的話不吐不快啊！

毛澤東道：「你的佈局有很厲害之處，以錦州為餌，兩個有利兵團分從東西夾擊，以外線作戰有利態勢，有很大的機會殲滅我紅軍主力。也有致命傷，你的西進兵團是妥協案，違反兵力集中原則，又遠繞彰武，也違反兵貴神速的大原則。」

蔣中正道：「你的佈局很大膽，所以風險很高。林彪只留一個縱隊和地方武力監視長春，我在長春有十萬兵力，若全力突圍，必能成功。瀋陽國軍若要撤往營口，三個獨立師也無法阻止。而兩個縱隊阻止錦西援軍、四個縱隊阻止瀋陽援軍，未必可行。」

毛澤東道：「為迅速攻取錦州，不得不在次要地區節約兵力，集中優勢兵力攻打錦州。」

蔣中正道：「你善打游擊戰，難以捕捉你紅軍之主力。遼西走廊狹窄，大軍運動不便，有很好的機會殲滅紅軍主力。」

＊　＊　＊

遼西會戰的結局與檢討

一九四八年九月中旬，紅軍包圍錦州北方的要地義縣，遼西會戰爆發。會戰打致十月底，國軍以慘敗收場，總司令衛立煌於十月三十日乘飛機逃跑了，這仗怎麼打？只有青年軍二〇七師稍有抵抗，餘皆投降。還有，營口的五十二軍，在軍長劉玉章指揮下，三十日晚間搭船安全撤離。

在東北剿總所轄的五十萬大軍中，只有五十四軍安全撤退。遼西會戰國軍失敗，是國共戰爭局面逆轉之關鍵，林彪收編國軍後，兵力大增達八十萬。

蔣毛二人聊起這場戰役，都覺得太不可思議！

毛澤東道：「就戰略態勢言，你我勝利機會各半，甚至林彪所冒風險更大。」

蔣中正道：「負責戰場指揮的衛立煌，信心和企圖心都不足，又違反我的戰略指導，各部隊協調不足都是很大的問題。」

毛澤東道：「這場戰役，你有三次機會獲勝。」

＊　＊　＊

蔣中正道：「我略有所知，願聞其詳。」

毛澤東道：「第一次，九月初我紅軍主力向南移動時，即以瀋陽主力接應長春守軍突圍。當紅軍以三個縱隊攻打義縣，已可判明企圖。當長春兵力歸建，瀋陽兵力大增，可組建更強大之西進兵團，不須遠繞彰武，直接取道新民沿北寧路南下，勝利機會大增。」

蔣中正道：「我方太過被動，失去取勝良機。」

毛澤東道：「第二次，你的東進兵團在十月五日前，若能突破塔山防線；塔山到錦州才二十多公里，一旦突破進入紅軍圍城部隊後方，林彪若撤退太晚，就會有全軍覆沒的危險。」

蔣中正道：「這確是機會，可惜機會沒把握！第三次我了解，林彪果然厲害。」

＊　＊　＊

毛澤東道：「第三次，錦州淪陷後，東、西進兩兵團應加快攻勢，錦州只是一個餌，丟或未丟無關大局，重要是把林彪主力困在遼西走廊，聚殲之。林彪知其危險，攻取錦州後休整三天，就快速轉移兵力，以強行軍奔赴繞陽河，連用餐都邊走邊吃，才有機會在四、五天內，把三十萬大軍拉出遼西走廊。」

蔣中正道：「這是企圖心和判斷力的高明，也是衛立煌不如林彪的地方。」

李清照突然出現道：「遼西會戰死了這麼多人，真是載不動許多愁。」

蔣毛二人同時哈哈大笑。

毛澤東道：「〈武陵春〉的最後一句，整首念來聽聽，打仗之外也賞詩！」

李清照念道：「風住塵香花已盡，日晚倦梳頭。物是人非事事休，欲語淚先流。聞說雙溪春尚好，也擬泛輕舟。只恐雙溪舴艋舟，載不動許多愁。」

＊　＊　＊

蔣毛鼓掌叫好道：「好作品！好作品！」

蔣中正道：「古往今來皆是物是人非事事休，千百年山河依舊，其他都變了！」

毛澤東道：「我們的功業都不在了，易安的作品仍在，再流傳千年萬年！」

李清照道：「多謝二位誇獎！」

毛澤東道：「沈謙在《填詞雜說》說，男中李後主，女中李易安，極是當行本色。」

蔣中正道：「《四庫提要》也說，清照以一婦人，而詞格乃抗周柳，雖篇帖無多，固不能不寶而存之，為詞家一大宗矣。」

毛澤東道：「我們要不要開一門易安詞研究？」

「哈、哈」三人一陣笑。

＊　＊　＊

他們三人一路南行，有時也會上某種交通工具。

他們發現，二〇六〇年代的中國，人民像是生活在天堂，相較於蔣毛經歷過的一九五〇年代像地獄。

李清照道：「但我的感覺又不同，聽你們說起一九四九年前後事，我感覺就像一一二七年我和丈夫南渡，這一年金兵攻陷青州，我們逃到江寧。」

蔣中正道：「歷史總是重演。」

毛澤東道：「難怪叫五濁世界。」

＊　＊　＊

他們為不打擾陽界眾生，晚上只在一些古寺老廟過夜，只要少許時間禪坐，禪悅為食，他們便很有精神。

一路南行，也同時驚訝於二〇六〇年的中國，繁榮、進步、強大。沿途，他們聽到有人說「到北京恐龍公園看活生生的恐龍。」原來中國的基因工程已讓恐龍「再生」了，真是神了！

經過北京大學，聽到幾個人說，明天就要飛往「火星科學站」，三天就到火星，應該是科學家。

他們並不趕時間，如雲飄著，飄向徐蚌古戰場！

第八章　徐蚌會戰讓人愁　淮海戰役春風暖

在中國歷史上，南北分治的傳統地緣界線是：桐柏山——大別山——淮河，而不是一般觀念中的長江。淮河流域河川縱橫分布，大軍運動甚為不利；長江雖號稱天險，一旦渡過淮河，則無處不可過江。

東北淪陷後，國共局面逆轉，國軍在總兵力上已不如共軍，而林彪部拿下瀋陽後必定入關。一旦入關將在華北形成極有利之戰略態勢，攻取華北再順勢南下，長江以北皆成險境。

是故，蔣中正之戰略目標乃在先擋住共軍攻勢，再運用長江以南廣大資源，編練新軍，待實力恢復再圖反攻，因為「守江必守淮」，如何守住淮河流域，爭取時間，為蔣中正的思考重點。

*　*　*

徐州自古以來就是「四戰」之地，兵家必爭，在「守江必守淮」的戰略概念下，徐州等於是首都南京的大門，蔣中正決心固守徐州。

依此戰略指導，則必須放棄華北，把兵力集中到華中。但華北剿總總司令傅作義不支持，部隊一時不能南下，徐州剿總只好部署，因應未來情勢。

一九四八年十月初，毛澤東有一個戰略指導，「先發起徐州地區作戰，再求平津地區之解決。」於是指示十月上旬即策訂「淮海戰役」（徐蚌會戰）計畫。

＊　＊　＊

一九四八年十月底的華東，已有濃濃的火藥味，紅軍乘東北致勝氣勢南下。傅作義即不支持華北部隊南調，為整合兵力，蔣中正乃設法將徐州、華中兩剿總合併，由華中剿總總司令白崇禧統一指揮，但白婉拒。

徐州剿總總司令劉峙，為固守徐州開始調動部署。而此時，紅軍之華東野戰軍則依「淮海戰役」計畫，配合其中原野戰軍兵力，開始向除州附近要點集中，準備發起攻勢。

＊　＊　＊

蔣中正徐蚌會戰的國軍部署

當時徐州剿總劉峙所轄兵力，除直屬部隊有三個軍外，尚包括：

第二兵團，邱清泉

第七兵團，黃百韜

第十三兵團，李彌

第十六兵團，孫元良

第九綏靖區，李延年

第三綏靖區，馮治安

第四綏靖區，劉汝明

另有未參加會戰的第一、第七、第十一、第十二、第十四綏靖區等，總兵力超過五十萬，除主要城鎮外，主力沿隴海、津浦兩條鐵路部署。

此外，從華中剿總轄下，組成第十二兵團（四個軍，約十二萬人，司令黃維），由南陽東調，參加徐州地區之作戰。

毛澤東淮海戰役的紅軍部署

紅軍華東野戰軍司令員是陳毅，因兼任中原野戰軍副司令員，經常在中野方面。淮南戰役期間，作戰計畫都是由副司令員粟裕擬訂和指揮，所轄兵力包括：

第一兵團，粟裕
第二兵團，許世友
第四兵團，韋國清
後備兵團，林維先

共有十六個縱隊，加上各地方武力，總兵力約四十萬人，為發動淮海戰役，各部隊都開始向隴海鐵路以北、津浦鐵路以南地區集中，此外，中野第十一縱也納入作戰指揮。

而中野為支援華東作戰，除將其第十一縱隊交由華東野戰軍指揮外，司令員劉伯承指揮第二、六縱隊及地方武力，沿海南西部進行襲擾；副司令員陳毅和政委鄧小平則指揮中野主力，向隴海鐵以南進攻，以牽制徐州國軍主力，兵力約二十萬餘人。

徐蚌會戰雙方作戰構想

一九四八年十一月五日，徐州剿總開始調整部署。原訂十一月八日開始攻勢的華東野戰軍，因淮海戰役計畫首要目標，就是殲滅國軍第七兵團於運河以東。

但按國軍作戰計畫，第七兵團即將往西轉進到運河以西，一旦完成，紅軍將失去作戰目標。因此，紅軍提前到十一月六日發動，徐蚌（淮海戰役）會戰正式爆發。

蔣中正國軍的作戰構想：主要是固守徐州，徐州剿總兵力最初沿隴海、津浦鐵路沿線部署。為集中優勢兵力，乃將隴海沿線兵力，調回徐州集中。

毛澤東初期構想「小口吃」，面對國軍龍海鐵路徐州到連雲港之防線，採戰略突穿，區分三階段完成。

第一階段，中央穿破奪取運河以東，殲滅第七兵團；第二階段，以主力牽制國軍後援，一部（五個縱隊）左旋，攻取海洲和連雲港。第三階段，仍以主力牽制救援，一部（仍五個縱隊），攻取淮陰和淮安。

* * *

蔣毛正玩著排兵佈陣的遊戲。

李清照突然現身道：「太神奇了，猜我去了那裡？」

蔣中正道：「跑不了就在神州大地。」

李清照道：「就是跑出了神州大地。」

毛澤東道：「真的？說來聽聽。」

李清照道：「我偶然隨眾人上了一種叫『飛鐵』的東西，很長的車車，兩柱香時間就到了貝加爾湖畔，後來又去了新疆、西藏，這麼廣闊的地方，都在半日生活圈內，就乘『飛鐵』，比孫悟空速度快，真神奇！」

蔣中正道：「這太神奇了！」

毛澤東道：「這表示現在中國的科技，已全面『量子化』，這是比神還神的科技。」

李清照道：「半途中，我還聽到一群大學生聊天，他們說明年的暑假戰鬥營，已規劃到月球去辦！」

蔣毛同聲道：「真是不得了！」

＊　＊　＊

毛澤東道：「妳還去了那些神奇地方？」

李清照道：「其他就在這附近，都很古老的。例如，寒山寺、大明寺、廣濟寺。」

蔣中正道：「都是千年以上古剎。」

毛澤東道：「中國有萬年文明，數千年古寺，現在仍運作如新，難怪連佛經都在禮讚中國！」

李清照道：「是啊！佛經《四十二章經》第三十六章就說：人離惡道，得為人難。既得為人，去女即男難，既得為男，六根完具難。六根既具，生中國難，既生中國，值佛世難。」

蔣中正道：「即值佛世，遇道者難，既得遇道，興信心難。既興信心，發菩提心難。既發菩提心，無修無證難。」

三人同聲誦念道：「阿彌陀佛，善哉！」

*　*　*

毛澤東道：「弘一大師常教育弟子和信眾說，生中國難，生身中國人最難得，就是按佛法所述。」

蔣中正道：「但世人要悟道，難上加難。有首詩偈說：人生難得今已得，佛法難聞今已聞，此身不向今生度，更向何生度此身。能如是得悟道，萬中不得其一。」

李清照道：「就像《阿含經》裡海龜的比喻。」

毛澤東道：「生身為人真是太難了！」

蔣中正道：「生為人，不好好做人、修行，很可惜！很可惜！」

李清照突然改變話題道：「二位在這裡排兵佈陣這麼久了！結果怎樣？」

＊　＊　＊

徐蚌會戰（淮海戰役）結局與檢討

一九四九年元月初，中共大致已完成華北的部署，開始準備要殲滅已被圍困一個月的杜聿明部。而此時，杜部二十餘萬大軍已斷糧十多天，空投補給也中斷，食物燃料耗盡。一向足智多謀的杜聿明、驍勇善戰的邱清泉，皆無力脫困。

元月六日，紅軍全面對杜部發起攻擊，各陣地缺糧缺彈，很快一一失陷。九日午後，紅軍攻入陳官莊，當晚，杜聿明下令各自突圍，乃全軍崩潰。二十萬大軍全部覆滅，杜聿明被俘，邱清泉自戕殉國。

經此一役，國軍精銳五十萬大軍被殲，敗象成現，想要江左偏安也難了。蔣中正為此負責，元月二十一日宣布下野，由副總統李宗仁代行總統職務。

＊　＊　＊

毛澤東道：「介石兄，此役，國軍犯了不少錯。」

蔣中正道：「是啊！要固守徐州，首要必須確保津浦線暢通，十六兵團不應抽調北上，致使宿縣淪陷，徐州孤立是戰略錯誤。」

毛澤東道：「第三綏靖區雖叛降，何基灃和張克俠兩個副司令率兩萬人投共，但徐州有堅強工事可防禦，不必急於調動第十三兵團，致使黃百韜兵團被包圍，陷於困境，官兵傷亡殆盡。」

蔣中正道：「當時可能我腦袋不清醒，令第十二兵團從南陽，強行軍四百公里北上，已不能發揮戰力。應令其在蚌埠或宿縣，重新整補油彈才對！」

毛澤東道：「放棄徐州後，不應令杜聿明部南下救黃維，因已脫離補給線，光空投不可靠，只帶七天攜行量不能支持戰局。」

蔣中正道：「這真是戰略錯誤。」

毛澤東道：「有的將領不能貫徹統帥意志也是問題。例如，傅作義不願將華北部隊南撤，白崇禧婉拒統一指揮華中和徐州兵力，導至國軍兵力不能整合。」

＊　＊　＊

還有一些表面看不到的，甚至無人知曉的事，潛藏於九地之下，有時已在暗中決定了戰局，那就是情報。國軍情報嚴重外洩，作戰行動幾乎事前全被紅軍知悉，當然沒有證據（情報本來就不能證實），但徵候會說話。

毛澤東道：「徐州剿總十一月五日開始調整部隊，原定十一月八日開始攻勢的華東野戰軍，突然提前兩天發動。四十四軍是在十一月六日開始轉移，這表示紅軍不是從戰場接觸而判斷出國軍行動。」

蔣中正道：「其實我已警覺內部有問題，所以杜聿明撤退徐州的行動，是面報我後的決心，未經幕僚系統，才順利撤出。」

毛澤東道：「第十六兵團十一日時，才完成宿縣附近的撤離，紅軍當晚就對宿縣攻擊，這也不是從戰場接觸所得到的判斷。」

蔣中正道：「這個問題一直困擾著我。」

＊　＊　＊

蔣毛檢討著這場戰役。

李清照道：「又死了這麼多人。」

蔣中正道：「打仗那有不死人的——」

李清照道：「真是淒淒慘慘戚戚啊！」

毛澤東道：「這是你的〈聲聲慢〉，整首誦來，也好解悶！」

「好！」李清照誦念如下道：

尋尋覓覓，冷冷清清

淒淒慘慘戚戚

乍暖還寒時候，最難將息。

三杯兩盞殘淡酒，怎敵他晚來風急。

雁過也，正傷心，

卻是舊時相識。

滿地黃花堆積。憔悴損，

如今有誰堪摘。

守著窗兒，獨自怎生得黑。

梧桐更兼細雨，
到黃昏點點滴滴。
這次第，怎一個愁字了得。

李清照誦念完，三人都開心鼓掌。
蔣中正有感而發道：「徐蚌會戰讓人愁，讓人愁！」
毛澤東回應道：「淮海戰役春風暖，春風暖！」
李清照道：「這人世間，怎一個愁字了得！」

第九章　平津會戰劃終局　再次論證因緣法

蔣毛持續他們的古戰場之旅，盡管已是百年前往事，人事已非，環境已變，但山河依舊明媚。

東北淪陷後，唇齒相依的華北國軍陷於孤立，陸上連擊已斷，僅空運和海運可通。華北國軍雖較紅軍優勢，但林彪部經整補入關，立即可形成絕對優勢，陷國軍於極不利狀態。

一九四八年十一月五日，徐州會戰前夕，傅作義飛往南京，蔣中正提出兩案由他擇一：第一案「放棄華北」，將華北所有部隊，趁林彪部未入關前，迅速向天津、塘沽集中，依海運至青島登陸。

第二案「固守津沽」，即將冀、熱、察所有部隊，趁林彪部未入關前，主動向天津、塘沽地區集中，依託海上為後方，採決戰防禦。

傅作義選擇「固守津沽」案，但其態度游移，並未依計畫將兵力集中到津、沽；到了十一月下旬，黃百韜兵團已在碾莊被殲後，傅作義才決心移至津、沽，控制海口，部署防禦兵力。

* * *

毛澤東的策略是希望抑留華北國軍，所以暫停對華北的攻勢，目的是要策動傅作義投降，乃積極和傅作義「政治運作」。（可見傅作義有問題，對蔣不忠）

當傅作義開始轉移民力時，毛澤東乃開始發動攻勢，以阻止華北國軍東移津、沽後再由海運撤離。

* * *

蔣中正國軍平津會戰前部署

當時國軍華北剿總所轄兵力，除直屬的兩個軍和一個騎兵師外，尚有：

第四兵團，李文

第九兵團，石覺

第十七兵團，侯鏡如

第十一兵團，孫蘭峰

另有即將歸逮的第六十二軍、九十二軍、獨立第九十五師，加保安武力，共約四十萬人。

基本部署是以北平為中心，北至承德，南到保定，東至張垣、津、沽，沿鐵路線部署；另有歸綏、包頭部分兵力，但已孤立。

毛澤東紅軍平津會戰前部署

紅軍聶榮臻部已擴編為華北人民解放軍，有直屬的兩個縱隊，外轄：

第一兵團，徐向前，後改十八兵團

第二兵團，楊得志，後改十九兵團

第三兵團，楊成武，後改二十兵團

兵力不到二十萬，而此時第一兵團正在太原方面作戰，華北兵力不足十五萬。但有林彪部八十萬正在休整，入關後統一指揮將有百萬大軍。

平津會戰雙方作戰構想

一九四八年十一月底，傅作義決心開始把兵力轉移到津、沽，控制海口。紅軍乃對國軍發起攻勢，目的是要抑留國軍，二十九日向張垣攻擊，平津會戰正式開打。

此時，按蔣中正的戰略指導，作戰構想為：華北剿總東移津、沽，先放棄承德和保定，將兵力集中到天津附近，並積極構築工事，以掩護張垣、北平國軍部隊，逐次向東轉移。

毛澤東對紅軍的戰略指導，其作戰構想為：阻止國軍撤離華北最有效的辦法，就是全力攻取天津、塘沽。但林彪部未入關前兵力不足，乃令林彪加速休整，爭取有利時間，同時採取「由西向東」的積極攻勢，先攻打最西邊的張垣，迫使其部隊無法向東轉移，又可誘使已經東移的國軍救援，打破國軍東移津、沽的企圖。

＊　＊　＊

蔣毛玩著平津會戰的排兵佈陣遊戲。

李清照突然現身道：「你們又在玩騎馬打仗遊戲？」

毛澤東道：「男人就愛打仗。」

蔣中正道：「妳看，自古以來百萬大軍在戰場上揮灑的，都是男人！」

毛澤東道：「過癮！戰爭是一種進步的洗禮！」

蔣中正道：「若無戰爭，人類至今仍處遊牧社會。」

毛澤東道：「戰爭開啟新文明新文化。」

李清照道：「是這樣嗎？遊牧社會有什麼不好？逐水草而居，大家都不積累財富，多麼自然、浪漫！」

蔣中正道：「能永遠遊牧也好，但不可能。」

毛澤東道：「時代的滾輪壓迫人們前進，歷史也不斷推進，大多時候人是無力抗拒大潮流的。」

* * *

毛澤東道：「易安，這段時間妳又玩到那裡了！」

李清照道：「北京、天津真是太偉大了！」

蔣中正道：「怎麼個偉大？」

李清照道：「有無限多偉大的古蹟、千年古寺等。」

毛澤東道：「光是北京一地，就可以看到五千年來的古蹟，還有百萬年前古中國人的古文明，這是中華民族偉大的地方，地球上沒有第二家。」

李清照道：「不過我到景山看到感傷的一幕。」

蔣中正道：「崇禎皇帝在景山公園自殺。」

李清照道：「是啊！但我又想到，我的大宋朝最後一個皇帝也是自殺，年幼，陸秀夫背著在崖上跳海而死，朝代的結束，為什麼都是悲慘？」

＊　＊　＊

蔣中正道：「悲慘是現象，新生是本質。」

毛澤東道：「也是一種自然法則，東西用久壞了，須要換新，就這麼一個簡單的道理。」

蔣中正道：「朝代、政權，久了腐化，要換新。」

李清照道：「這樣解釋好像也對。」

蔣中正道：「所以中國的朝代就是『一黨治理』的汰換，一個朝代結束就是一個黨的結束，換另一個新生的朝代治理，也是一黨治理，中國文化就是一黨治理。」

毛澤東道：「兩黨、多黨政治，是兩頭馬車、多頭蛇，在中國行不通，只一個『亂』字了得，非人民之福，切記！」

李清照道：「原來如此。」

蔣中正道：「地藏菩薩要我們講授『一黨治理』的課，就是要救人類於危亡。」

毛澤東道：「人類社會若一直搞民主、人權政治，只有帶來更多動亂、腐敗，加速滅亡，沒有活路！」

＊　＊　＊

李清照道：「自然法好像也是因緣法！」

蔣中正道：「自然法就是因緣法。」

毛澤東道：「介石兄說的是。一切都離不開因緣法，，例如崇禎帝為何在景山自殺，是之前數年，乃至百年，許多惡因惡緣累積，最後由他收『果』而已。」

蔣中正道：「沒錯！」

李清照道：「你們現在正玩著的平津會戰，不論過程或結局，也不離因緣法嗎？」

蔣毛同時道：「那當然！」

＊　＊　＊

平津會戰的結局與檢討

一九四八年十二月二十一日，毛澤東下令全面攻勢，以三個縱隊的絕對優勢攻取新保安，二十二日晚，三十五軍覆滅，軍長郭景雲自戕殉國。

第十一兵團司孫蘭峰（駐張垣），見狀況不妙，乃向綏遠突圍，二十四日夜在張垣北側中伏，全軍覆滅，司令孫蘭峰逃至綏遠。

而此時，毛澤東的代表積極與傅作義接觸，希望傅能放下武器投降，傅一直游移不定（可見他對蔣不忠、對國軍很不利）。一九四九年元月十四日，紅軍以三十五萬兵力的絕對優勢攻取天津，十五日天津淪陷，防衛司令陳長捷被俘。十六日，塘沽守軍四萬人，登艦撤離到青島，保住一點兵力。

攻取天津後，毛澤東下最後通牒，二十一日下午傅作義投降。不願投降的國軍將領有：第四兵團司令李文、第九兵團司令石覺、第十六軍軍長袁樸、第九十四軍軍長鄭挺鋒等數十人，於二十二日搭機離開北平。

* * *

華北國軍覆滅後，國軍再丟掉了三十五萬精銳。總結三大戰役，國軍共有一百三十萬精銳部隊被殲滅，一百三十萬男兒死於戰場，何等壯烈場面，足可驚天地！泣神鬼！永載史冊！

經此三大戰役，蔣中正敗局已定，無可挽回。決定成敗不在土地淪陷，而在國軍大部精銳被殲，沒有良好可用兵力，一切都別提了。

從戰爭過程中，觀察傅作義，他始終有游移不定的心態，又惑於「和戰兩手」，決心不足，又多次未能貫徹蔣中正的戰略指導。從另一面看，也可能是蔣中正的統御力不足，這種情形不會發生在毛澤東身上。

＊　＊　＊

面對結局，蔣毛沈思著。

毛澤東道：「這個過程有兩個關鍵點可能改變現在的結果。」

蔣中正道：「說說看。」

毛澤東道：「如在瀋陽淪陷後，全軍撤出華北，集中到華東戰場，徐州就有優勢兵力，紅軍發動淮海戰役可能性不高。國軍甚至可以在林彪部出關前先採攻勢，還是有獲勝機會，至少可以穩住東北失敗的人心。」

蔣中正道：「這本是我的構想，傅作義反對。」

毛澤東道：「你是主還他是主？」

蔣中正道：「我後悔沒早些軍法辦他。」

毛澤東道：「還有，徐州失利時，要當機立斷放棄北平，把平、津三十萬守軍撤出，投入淮南。如此國軍尚有機會穩住局面，增加談判本錢，爭取南北分治。」

蔣中正道：「我也想到，可是戰局改變太快。」

毛澤東道：「不為與遲疑，皆足以陷軍隊於危亡，你和傅作義都有這個毛病。」

蔣中正道：「當時整個大環境也對我不利。」

毛澤東道：「因緣法的結局吧！」

蔣中正道：「正是。」

＊　＊　＊

自從三人從不同的世界，來到陽界的神州大地，不知又過了多少時間，去到很多神州勝景。（附件一）

古戰場的排兵佈陣遊戲結束後，他們無事一身輕，有如三朵自由自在的雲，到處飄著。

他們正好經過一個中學，大門幾個大字寫著「北京第十九中學」，學生都在上課，校園安靜而美麗。李清照提議進去看看，三人便悠閒逛著校園。

他們經過一間教室，上課的是一位女老師，黑板上寫著今天上課的主題是《中國文學史》第六章。

李清照好奇，不知這第六章講什麼？叫蔣毛二人也聽聽，他們靜靜的聽著，女老師說話了。

「各位同學，這兩節課的中國文學，我們講第六章，我國第一女詞家李清照的作品，我叫你們事先研讀，你們有讀的舉手。」

「讀了。」全班都舉了，聲音宏亮。

三人一聽到女老師說「李清照」，三人也眼睛一亮，互使眼神，樹起耳朵傾聽著。

女老師說：「很好，班長先把作業收齊給我。」

*　*　*

片刻，女老師說：「蔡英文同學，我叫妳背李清照〈鳳凰臺上憶吹簫〉，背得怎樣？背背看！」

她站起來背誦道：「香冷金猊，被翻紅浪，起來……凝眸處，從今更添一段新愁。」

老師道：「背的很好，坐下，」「陳水扁同學，你背〈聲聲慢〉。」

他站起來背誦道：「尋尋覓覓，冷冷清清，淒淒……這次第，怎一個愁字了得。」

老師道：「很好。各位同學，詩詞就是要背起來，用時才好用。」

老師又道：「李清照，自號易安居士，濟南人，父李格非，媽媽是狀元王拱辰的孫女。年十八……」

女老師開講，三人竟聽了一節課才離去。

＊　＊　＊

三人在校園裡的一棵大榕樹下小坐。

毛澤東道：「千百年來，中國的孩子們都要讀易安的作品，有沒有讀你我的？」

蔣中正道：「你有一些詩吧！我不寫詩詞。」

毛澤東道：「你有其他作品嗎？」

蔣中正道：「幾本政治書，倒很多訓詞。」

毛澤東道：「我也有很多訓詞。」

蔣中正道：「我的信徒為我編成一套《蔣總統全集》，幾十大本，非常壯觀。」

毛澤東道：「我的信徒也為我編成一套《毛澤東全集》，也幾十大本，也很壯觀。」

蔣中正道：「有多少人讀呢？」

毛澤東道：「當時人讀吧！以後就是垃圾了！」

蔣中正道：「我想也是。」

李清照道：「一切有為法，都是夢幻泡影。」

三人點頭稱是。

＊　＊　＊

三人走出校園，又經過一間教室，像是初中一年級小孩，原來這是初高中皆有的中學。

大約快下課了，一個男老師說：「各位同學，這節課我們介紹了我國歷史上四位民族英雄，文天祥、岳飛、蔣中正、毛澤東，這是我們的榜樣，我們要向他們學習，知道嗎？」

「知道。」同學齊聲喊道。

三人一聽，心頭一亮，駐足聽著。

男老師道：「李登輝同學，你說一下蔣中正生平。」

李同學起立道：「蔣中正，字介石，浙江……」

男老師又道：「蘇真昌同學，你說毛澤東生平。」

蘇同學起立道：「毛澤東，字潤之，湖南……」

下課鈴聲響……三人如從夢中醒來。

＊　＊　＊

三人離開校園後，他們前往北平（北京）香山東麓的碧雲寺，晚上好有個安靜的角落可以禪坐。

黃昏時，他們看到碧雲寺的大雄寶殿內，出現數位和尚，還有十多位應該是在家居士的樣子。原來正是一場出家儀式，三人靜觀，並不現身。

禮佛三拜、迎請和尚、唱〈香讚〉、南無本師釋迦牟尼佛（三稱）、誦《心經》，接著：

和尚問道：「諸善男子善女人，我今有話問汝等，汝等要一一如實回答。汝等善男子善女人，今天自願發心皈依佛，以佛為師，盡形壽不皈依外道天魔，汝等能做到否？」

出家者道：「能。」

……

引禮師道：「恭送師父回寮。」

＊　＊　＊

儀式歷時三柱香時間，氣氛莊嚴，三人也沐浴在佛法中，感受到無限自在。
深夜，他們各自禪坐，並都片刻入禪定。
他們聽到打板的聲音。
毛澤東突然道：「介石兄，後來你去了台灣，我們還有一次交手，記得嗎？」
蔣中正道：「記得，一江山嘛！」
毛澤東道：「要不要回顧一下？」
蔣中正道：「好，去走走！」

第十章 浙東戰役又一仗 今對佛前求懺悔

三人一路南行，他們沒有乘「飛鐵」，從北京到浙江，只要不到一柱香時間就到了。

他們悠閒逛著，感受神州山河大地的氣息，時而在古寺古廟小憩，沿途賞玩不盡的名勝古蹟。

這一天，他們到了杭州，決定到西湖岳廟參拜。在岳飛墓門對面，還放著生鐵澆鑄的秦檜、王氏、萬俟卨、張俊四個反剪雙手的跪像。

三人都看到這個場景，因為四個跪像中有兩個和李清照有「關係」，就有特別的感慨！

李清照道：「我還是祝福表弟、表妹，好好反省，改過懺悔，早日出獄。」秦檜是李清照表弟，李清照大他四歲，秦檜老婆王氏是李清照表妹。當時他們是大官，所以常叫他們表哥表姊。

蔣毛一旁靜靜聽著，也是感慨！

＊　＊　＊

三人走進岳廟大殿，岳飛全身戎裝端坐著，上方懸掛的匾額上，刻著岳飛親筆寫的「還我河山」四個大字，使人肅然起敬。

當四家眼神交會時，岳飛眼神一亮！他們四人心靈已然連接，以覺識啟動對話，平常人聽不到。

蔣中正道：「我等來神州雲遊，有感於岳王坐鎮於中國大地，啟蒙我生生世世炎黃子民，守護我民族每一寸土地，請受我等一拜。」三人同時向岳王行禮。

岳飛以靈識傳聲道：「不敢當，都是為維護國家領土主權的完整，為中華民族之復興，斷不能搞分裂，屬於中國領土，一寸也不能丟，尚未收回者，每一寸都要拿回來，必要時必須以武力完成統一。」

蔣中正道：「岳王說的是，我等一輩子奮鬥，也是為中國之領土主權的完整，為中國之富強統一。」

岳飛對李清照道：「易安居士，我們是舊識了。大約三百多年前，地藏菩薩邀我到無間地獄講學，我已當面告訴妳那表弟表妹，我原諒他們，要他們好好懺悔修行，才能早日出獄。」

李清照道：「感謝岳王慈悲，我也去看過他們。」

毛澤東道：「岳王是堅定的主張武統，所以才一再進行北伐，確承擔那麼多苦難。」

岳飛道：「只要還我河山，完成統一，苦難我願意承擔，希望後也子孫都能守護這片江山。」

「這是所有中華子民的願望。」三人齊聲道。

＊　＊　＊

三人離開岳王廟後，他們去遊西湖，興致一來，個個都出口成詩。

李清照先道：「柳浪聞鶯蘇堤春，三潭印月雷峰魂，南屏斷橋雙峰雲，花港秋月院荷芬。」

毛澤東道：「雲竹桂雨虎跑泉，龍井寶石吳山天；阮墩環碧黃龍翠，玉皇飛雲九溪間。」

蔣中正道：「六和聽濤靈隱禪，湖濱錢祠北街姍；岳墓楊堤三台雲，萬鬆書緣梅塢寒。」

晚上他們就近在靈隱寺禪修，之後便去雲遊古戰場，感受神州大地上，曾經驚起的風雲。

* * *

一九四九年底，蔣中正率百萬軍民退守台灣。不料，一九五〇年六月，韓戰爆發，毛澤東用兵於朝鮮半島，一九五二年夏，朝鮮戰爭進入相持階段，毛澤東開始考慮要解放浙東沿海島嶼。

蔣中正道：「當時情勢危急，不得不考慮到和美國簽訂共同防禦條約。」

毛澤東道：「絕不能叫美國的勢力進入台灣。所以，一九五三年七月二十七日，朝鮮停戰協議達成，我便發出指示『朝鮮停戰後要及時解放台灣』，這是要以積極行動，阻止美帝勢力進到台灣。」

* * *

依據毛澤東的想法，中共中央軍委提出一個「逐島進攻」計畫，大陳島選為第一要攻取目標，因大陳島離台灣很遠，國軍支援困難，又是小島和地緣關係，不會和美國發生直接衝突。

當時美國艾森豪總統就任，他並不阻止國軍對大陸採取軍事行動，很明顯的，三方（毛、蔣、艾）都主戰，浙東戰役於焉爆發。

一九五四年八月，共軍華東軍區開始準備攻擊大陳島，並試圖砲擊金門，以彰顯攻台決心。八月三十一日，共軍會議決定先攻大陳島的門戶一江山島。

九月三日，正當美、英在東南亞準備簽訂「東南亞集體防禦條約」，共軍開始猛烈砲擊金門，守軍立即還擊，蔣中正則積極和美國談共同防禦條約。

十一月一日開始持續半個月，共軍海空軍出動百餘架次轟炸機，轟炸上、下大陳島和一江山島；年底前，又有一百多架次戰機，五次轟炸大陳列島，這是次年一江山戰役的前哨戰。

＊　＊　＊

一九五五年元月十八日，共軍以陸海空三軍聯合作戰，對一江山島發動猛烈攻勢。面對共軍以絕對優勢的兵火力登陸攻擊，一江山只有七百二十名游擊戰士，在指揮官王生明司令指揮下，浴血奮戰。由於距離太遠，國軍支援不上，守軍血戰四十小時，彈盡援絕後，全部壯烈成仁，寫下遷台後最悲壯的一頁史詩。

一江山失陷後，共軍進一步準備攻取上、下大陳島，這裡是國軍主力部隊（約二萬多人）據守的島嶼，大陳列島情勢危急。

元月二十八日，美國第七艦隊開始巡弋台海。同時，艾森豪建議蔣中正，大陳運補困難，宜於棄守。

這項撤退行動從一九五五年二月六日開始。二月十日，「中美共同防禦條約」生效，第七艦隊協助大陳撤退，以五天時間撤出大陳二萬五千軍民。二月二十五日，國軍又自力將南麂島上二千多居民，全部撤遷到台灣，浙東戰役終告結束。

＊　＊　＊

三人坐在浙江沿海岸一塊礁石上，向著台灣的方向，遠望海面，浪濤依舊，時空已隔百年。

毛澤東道：「介石兄，當年你反攻大陸，到底是玩真的，還是玩假的？」

蔣中正道：「潤之兄，說句實話，當一九四九年我去了台灣，心裡就有數了，是回不去了！條件都不具備。但回不去是中國歷史的常態，所以也可以說玩假的。」

毛澤東道：「我就知道，你的情形和孔明北伐、鄭成功反清復明是一樣的。」

蔣中正道：「正是。」

李清照道：「是嗎？孔明、鄭成功和你們都在玩假的，還好岳飛玩真的。」

蔣中正道：「非也，也可以說玩真的，這是心理戰，戰略上弱勢一方示強於敵的假相；用於為自己壯膽、鼓舞軍民士氣，有很大真實作用，所以是玩真的。」

＊　＊　＊

毛澤東道：「就好像給人民劃一個『大餅』，織一個很大的夢想，這樣才有理由去團結軍民，共同奮鬥，至於夢想能否實現，就隨緣了！」

李清照道：「這有欺騙人民之嫌！」

蔣中正道：「也不是。若沒有給軍民一個夢想，凝聚力量，很快士氣衰散，會垮的更快。」

李清照道：「這我不太懂，比作詩詞難。」

蔣中正道：「當年你揚言解放台灣，是真的嗎？」

毛澤東道：「和你一樣都為鼓舞士氣，給廣大的軍民群眾織一個大夢。」

蔣中正道：「我就知道。」

毛澤東道：「當年戰力不足也是原因，我也為你考慮到，有個地方讓你養老、安度晚年。」

蔣中正道：「你的心意當年我略有感受。」

＊　＊　＊

蔣中正道：「有一事卡在我心頭，我始終在懺悔，這麼久始終也放不下！」
毛澤東道：「何事讓你放不下？」
蔣中正道：「你想想，當年國共內戰及以後幾十年鬥爭，多少人因立場不同冤死？」
毛澤東道：「這可多了，不計其數。」
蔣中正道：「冤死的、槍斃的、判刑的……害無數人家破人亡，罪過啊！」
毛澤東道：「我也一直在懺悔這件事。」
蔣中正道：「還有啊！文革冤死多少人？」
毛澤東道：「數不清啊！罪過！」
李清照道：「要懺悔，我們越是真誠懺悔，那許多冤死的、槍決的等，才能得到救贖，獲得諒解，惡緣才會結束，好因緣才會啟動。」
蔣毛同聲道：「是啊！」

＊　＊　＊

毛澤東道：「這麼多冤死的人，也等於為國家製造很多仇人，他們的後代遠走國外，攻擊祖國。」
蔣中正道：「確實很多，冤死者的子孫流亡國外，他們心中充滿著恨，痛恨自己的祖國；這正好被西方帝國主義利用，利用他們抹黑、攻擊中國。」

毛澤東道：「這造成我們漢奸特別多。」

蔣中正道：「你想想，在美帝、英帝政府或民間，有多少中國人為他們工作，做很多對自己祖國不利的事，這都是很多惡因造成。」

毛澤東道：「我們要深切懺悔。」

蔣中正道：「要懺悔。」

李清照道：「我們到佛前懺悔。」

蔣毛同聲稱道：「是。」

* * *

三人回到靈隱寺，他們喜歡這裡的氣氛，親近佛法，沐浴禪香，禪悅為食，心靈清淨而氣爽。

晚上靈隱寺正好有「沙彌戒、式叉摩那戒儀式」「懺摩」等活動，三人就隨順因緣，全程參與，因為這是最好懺悔的機會。

整個儀式經過如下。

* * *

壹、大衆雲集、禮佛三拜

貳、迎請和尚

（引禮師道：班首八人出班，二人執香，隨我迎請羯摩和尚）

參、香　讚

戒定真香，焚起衝天上，弟子虔誠，爇在金爐放，頃刻紛紜，即遍滿十方，昔日耶輸免難消災障，南無香雲蓋菩薩摩訶薩（三稱）（戒子向上禮佛三拜）

（引禮師道：「諸善男子善女人等，各秉虔誠，隨我音聲，齊誦大悲神咒，祈求加護，以淨法筵，仰仗威力而蠲魔障。」）

肆、大悲咒

南無大悲觀世音菩薩（三稱）

南無喝囉怛那哆囉夜耶　南無阿唎耶　婆盧羯帝爍鉢囉耶……跋陁耶　娑婆訶

南無甘露王菩薩摩訶薩（三稱三拜）

（引禮師道：「諸善男子善女人等，至誠頂禮羯摩和尚三拜」「問訊」「長跪」「合掌」）。

伍、懺悔

和尚嗚尺云：「諸善男子善女人……」

往昔所造諸惡業　皆由無始貪瞋癡
從身語意之所生　今對佛前求懺悔
往昔所造諸惡業　皆由無始貪瞋癡
從身語意之所生　一切罪障皆懺悔

往昔所造諸惡業　皆由無始貪瞋癡
從身語意之所生　一切罪根皆懺悔（至誠禮懺三遍）
南無普賢王菩薩摩訶薩（三稱三拜）
（引禮師道：「長跪」「合掌」）

陸、勸　囑

和尚云：「諸善男子善女人……汝等再至誠禮佛百拜，然後休息。」
（引禮師道：「一齊起立，至誠禮謝羯摩和尚三拜。」）

柒、拜　願

禮「南無本師釋迦牟尼佛」

捌、三皈依

自皈依佛　當願眾生　體解大道　發無上心
自皈依法　當願眾生　深入經藏　智慧如海
自皈依僧　當願眾生　統理大眾　一切無礙

玖、回向

慈悲喜捨遍法界　惜福結緣利人天
禪淨戒行平等忍　慚愧感恩大願心

＊　＊　＊

儀式結束，三人充滿法喜，各自去禪坐。

次日，三人去逛街，蔣毛對杭州有百年前印象，李清照有千年前印象，但現在的街景有如天堂。

他們在一個很雄偉又超現實的大車站前，大銀幕上看到一個很大的廣告，斗大的幾行字寫著：

二十一世紀下半葉國際關係展望與中國之發展

主辦單位：浙江大學國際關係中心

地　　點：浙江大學第一國際會議中心

時　　間：二〇六三年十月一到三日

廣告內容引起蔣毛的好奇，他倆離開神州百年了，在世時很多事受制於國際關係，想知道現在世界變成怎樣！大格局一定不一樣。

於是三人商議去看看，他們發現，百年不見，世界大變，變成怎樣？請看下章分解。

第十一章　到二〇六〇年代　百年世界大變局

三人真的就在浙江大學國關中心待了三天三夜，也還不想離開。為何？太精彩了！太出人意料！太不可思議！可謂陽界百年大變局。

三天三夜，他們除了聽專家演講，還在圖書庫看了很多文獻，查閱一些資料。原來，世界變了。

所謂百年大變局，還在陽界過日子的人可能不覺得，因為身處變局不會覺得變，除非突變；而世界大變局，通常持續數十年之漸變。

而蔣毛離開陽界有百年了，突然看到與百年前完全不同的世界，才感到不可思議。

到底三人看到什麼？知道了什麼？進入二〇六〇年代，世界變成怎樣？是否迎來中國人的世紀？

＊　　＊　　＊

先說美國，二十世紀到二十一世紀初，美國是地球上最大的掠食著，幾乎侵略過幾十個國家，亡人之家國不計其數。但因窮兵黷武，窮坑難滿，導至社會二極化，進而分裂，內戰不斷，打了二十多年仗還在打。

蔣中正道：「美國目前仍處『戰國七雄』局面。」

毛澤東道：「可惜，第一超強淪落至此。」

蔣中正道：「麻薩諸塞民主國、愛荷華人民共和國、德克薩斯社會主義共和國、科羅拉多共和國、加利福尼亞人民共和國、俄勒岡邦聯、蒙大那聯邦。這是所謂『北美戰國七雄』，怪怪不得了。」

毛澤東道：「還有五個軍閥打算要獨立建國。」

蔣中正道：「這麼說美國亡了！」

毛澤東道：「是亡了！但黑人正努力要建黑人美國。」

李清照道：「合久必分，過些時間又合了，咱們中國也曾分裂成幾十國。」

毛澤東道：「中國分裂時，中國仍在，朝代亡了，中國未亡，這是中國大一統文化的厲害，無論中國分裂成多少國，中國始終在，最後仍會統一。」

蔣中正道：「美國沒有大一統文化，亡了就亡了。」

李清照道：「是這樣啊！」

＊　＊　＊

蔣中正道：「最不可思議是日本鬼子1。」

毛澤東道：「竟然亡國亡種亡族了。」

李清照道：「整個列島連一寸土地也沒留，人種也不見了，這應該是天譴。」

蔣中正道：「就是天譴。」

毛澤東道：「二十多年前那場九點九級大地震，雖很可怕，也不致於所有各島瞬間沈入太平洋底下。」

蔣中正道：「導至日本列島沈沒的主因，是馬尼亞納海溝向北裂開，列島地底層全被掏空了，大地震一搖，便全都沈沒。」

毛澤東道：「易安說天譴也對，五百年來日本不斷發動『滅華之戰』，因戰爭直接間接而死的人，上看兩億，這是很大的罪業，大和民族不思反省懺悔，受天譴也是應該的，這也是因果。」

李清照道：「大和民族從地球上消失了！」

毛澤東道：「消失了，這個大不和民族！」

＊　＊　＊

蔣中正道：「日本人造了什麼惡業？受此天譴！」

毛澤東道：「我們明萬歷年間，日本出了兩個野心家，豐臣秀吉和織田信長（目前都在無間地獄），聲稱要『消滅中國』，建立『日本大帝國』，是大和民族的天命，於是發動『朝鮮戰爭』，假道朝鮮入侵中國，萬歷皇帝派出四十萬大軍，『中日朝鮮之戰』打了七年，消滅了全部日軍，救了朝鮮。」

蔣中正道：「日本在朝鮮大屠殺，死了幾百萬人。」

李清照道：「朝鮮人少，豈不快滅種！」

毛澤東道：「按《朝鮮戰後記》所述，險些滅種。」

李清照道：「太可惡了，難怪受天譴！」

蔣中正道：「他們休養生息後，又發動第二次滅華之戰甲午之役，第三次亡華之戰的民國八年抗戰，反正不亡中國，日本鬼子不甘心！」

毛澤東道：「列島沈沒前，他們正計畫要發動第四次亡華之戰，沒想到突然島沈國亡！」

李清照道：「老天有眼啊！」

蔣中正道：「因果報應啊！」

毛澤東道：「不是不報，時候未到！」

＊ ＊ ＊

蔣中正道：「還有英國也從地球上消失了！」

毛澤東道：「曾經的日不落國，搶了很多我們中國的寶物，盜取世界各地寶貝，現在也不見了！」

李清照道：「是不是列島也沉了？」

蔣中正道：「島在人也在，分裂了！」

毛澤東道：「英國分裂成五個國家，北愛爾蘭共和國、愛爾蘭人民民主國、蘇格蘭人民共和國、英格蘭人民民主專政國、威爾斯社會主義福利國。目前英倫各島局勢仍不穩定，可能又有變數。」

蔣中正道：「數百年來他們都在尋求獨立，因為英國最初以武力合拼，是不合法的。」

李清照道：「英國雖亡了，只是一個名詞不見了，島在人在。」

＊ ＊ ＊

李清照道：「其他地方怎樣？」

蔣中正道：「德國和法國二十年前打了一仗，經中國調解，目前休戰，仍不和平。」

毛澤東道：「德法是世仇，難有和平。」

蔣中正道：「其他歐洲各小國，都向中國學習『一黨治理』，成效很好。」

毛澤東道：「非洲改善最多，自從非洲成為『中國的第二個大陸』，大多採『中國式管理』，由人民決定『一黨治理』，現在很少有貧窮，也不打仗了！」

李清照道：「中國式治理真是金字招牌啊！」

蔣毛二人同聲道：「確實是。」

*　*　*

毛澤東道：「很多地方還在亂。」

蔣中正道：「你是說印度！」

毛澤東道：「是，曾經安定一段時間，現在已分裂成幾個邦，各邦大軍閥仍在交戰。」

蔣中正道：「他們種族複雜，種姓制度造成社會分裂，成為貧窮和內亂的惡性循環。」

毛澤東道：「印度沒救，神也救不了他們。」

蔣中正道：「澳洲溫度一直升高，白天高溫五十多度，已是不適人住，快成荒島了。」

李清照道：「這多可惜！」

毛澤東道：「很可惜，這麼大的土地不能住人。」

李清照道：「難到沒有改善辦法嗎？」

蔣中正道：「有。除非中國人治理，用中國方式，但那些白人肯定不願意，多沒面子！」

毛澤東道：「白人的思維也沒救了！」

* * *

蔣中正道：「還有一個國家以前很囂張，算是美國的打手，現在也不行了！」

毛澤東道：「那一國？」

蔣中正道：「加拿大。魁北克已獨立成人民共和國，而原住民和北美其他原住民，早在二十年前，組成一支『北美原住民聯合軍』，也在尋求建國。因為數百年來，美國和加拿大白人，不斷對原住民大屠殺，原住民想利用這些白人衰亡之際，獨立建國，才有永久保障。」

毛澤東道：「白人優越感無藥可救，可怕的是他們還喜歡屠殺異族。」

蔣中正道：「這和他們宗教信仰有關。」

毛澤東道：「基督教的傳教原則，就是不信則殺。」

李清照道：「好可怕的宗教！」

毛澤東道：「基督教是一神教，只有基督是真神，其他都是魔，必須消滅。」

蔣中正道：「這是我後來才知道。最早時，我信基督教，是為了娶宋美齡和拿美金，後來才知道基督教靠屠殺壯大。」

李清照道：「這種宗教不該留在人間。」

＊　＊　＊

蔣中正道：「我們忘了俄國。」

毛澤東道：「進入二十一世紀後，中俄始終是戰略伙伴關係，一起建立月球基地和火星科學實驗站。地球上白人勢力衰落、美英衰亡，僅中俄有發展星際探險的能力，但俄國只能當中國的助理。」

蔣中正道：「因人口一億多，經濟規模只有中國的十二分之一。」

毛澤東道：「所以蒙古回歸中國，西伯利亞和庫頁島那些中國的失地，已全部歸還。」

蔣中正道：「這和中國強大有關。」

毛澤東道：「當然，誰會尊重一隻病貓！」

李清照道：「確是這樣，當年我大宋如果很強大，那遼、金、西夏、蒙，敢造反乎？」

蔣中正道：「現在中國已是世界之主盟者。」

毛澤東道：「大哥輪流當。」

李清照道：「現在中國至少可以當好幾百年。」

蔣毛齊聲道：「應該沒問題。」

＊　＊　＊

蔣中正道：「從史料看，從經驗法則看，你們有沒有發現一個現象?衰亡的都是搞民主政治的國家。」

毛澤東道：「以前地球上所謂民主政治制度，有三種模式。」

李清照道：「那三種?」

毛澤東道：「西方民主政治、伊斯蘭民主政治和中國式民主政治制度。」

蔣中正道：「衰亡的是西方民主政治，主要用於英美白人政權，又以『美式制度』最強大，美國就是想用民主和人權為工具，進行『全球美化』，所有國家都成為美國的附庸。」

毛澤東道：「西方民主人權只是政治工具，說白了是『妖獸政治』，人民只當一天主人。」

蔣中正道：「而這當主人的一天，也被邪惡的意識形態控制，身不由己，主人只是表象。」

李清照道：「那這種邪惡制度怎能存在呢？」

* * *

毛澤東道：「因為有個美麗的外表『民主』和『人權』，廣大的人民群眾只看到漂亮的外衣。」

蔣中正道：「脫了外衣，看內部操作，都很邪惡。」

李清照道：「舉例看看。」

蔣中正道：「西方民主政治的政黨政治好了，在野黨的唯一任務，是不擇手段搞垮執政黨，國家什麼事都別做了，更無長遠之計，衰落內亂都這樣搞出來的。」

毛澤東道：「那些搞美式民主、西式民主的國家，都衰亡了，就是證明。」

蔣中正道：「目前地球上多數地區，都已採中國式的一黨治理，社會安定繁榮，人民生命財產得以保障，幸福指數都很高，這才真正落實了民主和人權。」

毛澤東道：「也仍有少數國家天天高唱民主人權，但政治腐敗，社會動亂，戰爭不休，人民生活在悲慘狀態，不知民主人權何在？」

李清照道：「是呀！那樣的民主人權無意義。」

蔣中正道：「根本是污辱了民主人權。」

李清照道：「人民為何不覺醒呢？」

毛澤東道：「長期被洗腦，便無感，視為當然。」

＊ ＊ ＊

蔣中正道：「所以西方民主政治制度，把民主和人權當政治工具，利用於奪權、打壓異己，制造很多罪惡和罪人，導至地獄客滿，最後毀了自己的社會。」

毛澤東道：「西方民主政治打開了潘朵拉的盒子，人性欲望無限擴張，很可怕！」

李清照道：「欲望無限擴張，成就自私自利的個人主義，禍害很大！」

蔣中正道：「政客為討好一部份人選票，搞起同婚政策，年輕人以為自由解放，同婚成了流行。」

毛澤東道：「搞民主人權的國家，同婚流行造成愛滋病大流行，這也是西方民主國家衰亡的原因。」

李清照道：「斷袖之病，古已有之，但不須要搞合法，統治者更不能帶頭搞同婚。」

蔣中正道：「幸好這個五濁世界，現在大多採中國式『一黨治理』，問題就少多了。」

毛澤東道：「難以改善的動亂和黑暗，把它框列起來，限制住，使其不為害多數，只能如此。」

＊　＊　＊

蔣毛突然想起一個地方，台灣，他們曾經共同關心的地方，事隔近百年了，他們在陽界的時間還有。

三人決定以最後的時間遊台灣。

欲知蔣毛李遊台灣情形，請看下章。

第十二章 蔣毛李樂遊台灣 見證孽緣受惡報

蔣毛李三人，在浙江大學國關中心那三天三夜，也已查閱過百年來台灣的狀況，發生過的事件等。略知其因果關係，導至目前的現狀，但她們仍要親自一遊。

按史料記載，由於氣候暖化，海水上漲，南部地區都已泡在數公尺海水下。二〇三九年時，南部一場大地震，雲嘉以南土地全部陷落到海面下五十公尺左右。

神奇的是，佛光山所在的大樹地區，未受到海水上漲和地震影響，依然頂立在海上，成為一座「大樹島」，大家都說，這是佛力的保護。

中北部很多低地，也都泡在海面下。所以台灣的土地面積，已非原先的三萬六千平方公里，而是大約兩萬平方公里，也仍是很大的島嶼。

還有更神奇的，台灣海峽竟然不見了，原來被中國人填平了，這又多出一萬多平方公里土地。地面上已有城鎮、高鐵、超鐵、公路等。

有件事很詭異，台灣總人口已非百年前的一千八百萬，而是只剩五百萬，每年仍有很多人移出。

二〇六〇年代的台灣就是這樣。

＊　＊　＊

蔣中正道：「潤之兄，你記不記得大約一九六〇年左右，我寫過一封信給你，邀你到台灣參訪？」

毛澤東道：「當然記得！」

蔣中正道：「為何不來？」

毛澤東道：「身不由己啊！要顧慮很多人的感受。」

蔣中正道：「人在江湖身不由己！」

毛澤東道：「我也寫過信給你，請你回祖國看看。」

蔣中正道：「我也身不由己！」

毛澤東道：「其實當年我真心想去台灣，和你坐下來聊聊，喝壺茶，於願足也！統一的事不急！」

蔣中正道：「其實當年我也真心想回祖國，就算在奉化老家養豬種菜也喜歡，總比老死台灣好！」

李清照道：「百年前不能如願的事，現在心想事成了，我也想看看這座島，對我是陌生的。」

蔣毛同聲道：「現在可以如願到台灣。」

＊　＊　＊

他們沒乘高鐵，也不坐超鐵，他們跟上一部遊覽車，車上二十多人，他們要到台北，據說台北仍是一座約一百五十萬人的大城。

到了已被填平的「台灣海峽」，導遊小姐介紹：「各位旅客，這裡在二十年前還是大海，就是台灣海峽，祖國的工程隊真是到了神級境界，竟然只用三年就把海峽整個填平，現在各位從兩側望出，都是新市鎮、新的造林、公園等，我們現在走這條公路，叫海峽大道。」

全車的人都驚嘆稱奇。

蔣毛李三人也讚嘆，這可是移山倒海的神級工程。

毛澤東道：「我是從大戰略看問題，把台灣海峽填平。，真是中華民族的千年大戰略，對中國太重要了。」

蔣中正道：「我也感覺到了，數百年來，台灣孤懸海外，出了很多大問題，都是中國的痛。」

毛澤東道：「現在痛根整個挖掉。」

蔣中正道：「神啊！中國人太神了。」

＊　＊　＊

毛澤東道：「我看文獻有提到，大約六十多年前，最早規劃在台灣海峽底下，挖海底隧道。說真的，這是小利，取一時方便，沒有戰略眼光。」

蔣中正道：「之後中國出了一個叫習近平的領導，他放棄海底隧道構想，改把台灣海峽填平，加上他的『一帶一路』，都是千年大業。」

毛澤東道：「五百年才出一個像習近平這樣的人。」

蔣中正道：「想想看，五百年來有過這種神級人才嗎？我想不出來！」

毛澤東道：「應該讓他當中國的永久領導人。」

李清照道：「我不知道習近平這號人物，若如二位所說，他可是宋元以來最偉大的領導人。」

蔣中正道：「成吉思汗都不如他。」

毛澤東道：「成吉思汗的偉大僅一瞬間，對中華民族影響甚微，習近平則是影響千年之大業。」

三人在聊得興致時，導遊小姐宣佈台北到了。

* * *

蔣中正道：「到了台北，我當導遊。」

他們在市區逛了一圈，有些失望，因為整體看台北城有些蕭條，不如大陸內地縣城的繁榮。他們去看以前的「總統府」，數十年前被炸毀，就沒有重建，而一〇一大樓因地層下陷，已成危樓。

不久他們來到「中正紀念堂」，三人都眼睛一亮。李清照道：「這是紀念蔣先生的，是你留在人間最好的紀念品。」

蔣中正道：「潤之兄在北京也有紀念堂。」

毛澤東道：「都是過往雲煙，重要是對民族有貢獻，銅像紀念堂等都是一時假相。」

蔣李同聲道：「也是。」

晚上他們就在附近的善導寺禪修，禪悅為食，養足了精神。白天他們又去了幾個地方，慈湖、草山行館……晚上又回到善導寺。

* * *

有很長時間他們去了中南部，因為雲嘉以南沈落海底，所謂中部是桃園新竹，所謂南部是苗栗台中彰化。他們主要是看看佛教道場寺廟等，其次觀賞地理人情，了解一般人民生活和想法。

終於他們落腳在一個很神聖的地方，是最佳清修養心之處。這是「新竹古奇峰法源寺」，為紀念一代高僧斌宗和尚，他的弟子在寺前建塔，文曰：「新竹古奇峰法源寺開山祖師斌宗和尚塔銘」，斌宗和尚，俗姓施……

* * *

他們真的就在法源寺住下，這裡如世外桃源，鳥語花香，經常可以聽經聞法，不亦樂乎！

某日，他們在寺前榕樹下小坐。

李清照道：「台灣這個地方，感覺沒有一點朝氣，甚至不是一個有希望的地方，為什麼？」

毛澤東道：「你問到一個很複雜的問題，很難用幾個說明就能讓人了解。」

蔣中正道：「就像英國、美國，為何會滅亡？都是積累百年惡因惡緣而成，有人為，有自然。」

毛澤東道：「例如，海水上漲，地層下陷，就是人為啟動成為看起來像自然災害。台灣現在還有約兩萬平方公里土地，但按現在下沈速度，本世紀末，再三十多年，台灣會全部沈入海底，只剩玉山頂浮在海面。」（附件三）

蔣中正道：「所以這裡幹嘛要建設，留不住人。」

李清照道：「真是沒希望了。」

毛澤東道：「大家都想跑，每年有很多外移。」

李清照道：「至少現在仍有五百萬人口。」

毛澤東道：「五百萬中可能有半數人是問題。」

* * *

李清照道：「什麼問題。」

毛澤東道：「若追問題的遠因，可能要追二百年。」

蔣中正道：「我知道潤之兄的意思。」

李清照道：「我不知道什麼意思。」

毛澤東道：「先說近因，距離現在大約七、八十年前的台灣，曾出現一段叫『台獨』的偽政權時代，先後有李登輝、陳水扁、蔡英文三個領導人，不斷散播台獨思想，前後幾代人都被洗腦。」

李清照道：「這三人現在仍在無間地獄。」

蔣中正道：「台獨思想很可怕，中毒後全都失去人性，禮義廉恥都不要，家人都是仇人，只要利益。」

李清照道：「這麼可怕！」

毛澤東道：「台獨導至內亂，族群分裂，社會暴亂，小島漸漸成為不適人居，人口減少。」

李清照道：「那已過去式啊！」

＊　＊　＊

蔣中正道：「易安有所不知，這種台獨思想是一種可怕的『胎毒』，深入基因會遺傳，毒化好幾代人，現在才不過二〇六〇年代，全島五百萬人中，至少有一半人腦海還有這種毒素。」

毛澤東道：「這就拖垮了台灣的建設發展。」

蔣中正道：「我在浙江大學國關中心，聽到一種說法，說反正幾年後台灣就沈了，還有這麼多人中『胎毒』，只好把問題『框列』起來，嚴格管制，不影響大陸就好，中國的發展強大不靠台灣，靠的是在大陸的十幾億中國人，台灣就任其自治，其實是自生自滅！」

毛澤東道：「這個說法很可靠。」

蔣中正道：「我相信是，管控不受外國勢力利用，也不危害大陸或民族利益，便是最佳處理，不管誰當中國領導人，也只能這樣！」

李清照道：「說到底是台灣人自己造業吧！」

毛澤東道：「也不是，那惡業是外來的。」

李清照道：「你這一說，我就頭昏了！」

＊　＊　＊

毛澤東道：「這就是遠因了，推到約二百年前。」

李清照道：「太遠了！」

蔣中正道：「可能超過二百年，從清朝的鎖國政策開始。」

毛澤東道：「說太遠太複雜，怕亂了易安思緒。」

李清照道：「簡單說，不要太複雜！」

毛澤東道：「日本一直要消滅中國，這是大家知道的。在其第二次滅華之戰的『甲午之役』，清政府戰敗，割讓了台灣，此後殖民台灣五十年，這五十年間因日本『皇民化』政策，很多台灣人會變質。」

李清照道：「統治這麼久一定會變質。」

蔣中正道：「還有很多人得到日本給的特權，得到巨大財富，他們的子孫都成了親日份子，反過來不承認自己是中國人，這影響就很深遠了。」

毛澤東道：「一百多年了，台灣仍受困於這種毒素，而不能繁榮發展。」

李清照道：「後來他們無條件投降了。」

* * *

毛澤東道：「無條件投降後，他們一部份人回日本，在台灣留下幾十萬『種子』，化整為零，以一般人的身份留在台灣各角落，數十年間他們的二、三代已有百萬之眾，加上中『皇民化』毒的台灣人，至少數百萬，就構成很大的政治勢力，掌握很多政治權力。」

蔣中正道：「李登輝、陳水扁、蔡英文、蘇真昌等太多了，都是日本人留下種子的後代，他們無條件親日，就是要把台灣再送給日本。」

李清照道：「真是太邪惡、太可怕了！」

毛澤東道：「妳才知道。」

李清照道：「幸好現在日本列島沈沒了。」

蔣中正道：「所以把台灣問題框列起來是對的。」

毛澤東道：「台灣問題要等到島全部沈沒，問題就都解決了，從此以後沒有台獨這種可怕病毒。」

李清照道：「這也太可憐了！」

＊　＊　＊

蔣中正道：「但說到台灣人口，從一千八百萬人，才幾十年，就減到五百萬，前面都沒有說到關鍵點。」

李清照道：「什麼！還有更可怕的！」

毛澤東道：「我知道介石兄的意思。」

蔣中正道：「在台獨偽政權時期，出了一個搞同性戀的女領導人蔡英文，他一直宣揚同婚政策。」

毛澤東道：「她就是同性戀啊！」

李清照道：「怎麼會弄個同性戀當領導？」

毛澤東道：「這就是台灣問題啊！」

蔣中正道：「台灣年輕人那時早已全部中了胎毒，沒有一個有腦的，蔡英文搞同婚，搞同性戀成了流行，不搞的人都被打成封建、落伍、不民主、反人權，就死定了，這有多可怕！」（附件二）

李清照道：「太可怕了！」

蔣中正道：「這樣搞下去，第一是大家絕子絕孫，第二是愛滋病大流行，台灣了愛滋病島，這就解釋了幾十年間人口大減的根本原因。」

李清照道：「原來如此。」

＊　＊　＊

他們又回台北留連幾天，也去了故宮，裡面的寶貝有九成已回到北京故宮。

蔣中正道：「屬於北京故宮的東西，本來就要回到北京故宮，台灣不能久留。」

李清照道：「放台灣，不小心就隨島沈入海底。」

蔣中正道：「是啊！早回歸保險。」

毛澤東道：「我們到陽界多久了？」

李清照道：「幾年吧！」

毛澤東道：「我有個提議，我們先去北京恐龍公園看恐龍，再去月球和火星看看，現在中國在那裡都有基地，交通方便又快，難得回陽界，不去太可惜！」

都鼓掌同意。

欲知三人的月球和火星之行實況，請看後章分解。

第十三章 參觀月球地球化 轉往火星半途中

他們到了北京「恐龍公園」，區分肉食、草食區，竟真的看到一隻隻活生生的恐龍。讚嘆不可思議！

之後，他們準備前往「星際交通站」。半路上，他們看到有部隊行軍經過市區，一個個軍人雄糾糾、氣昂昂，聽到有人說這是中國剛組建的「全功能機器人步兵師」，全部是機器人。

三人聞之更是驚嘆。又聽說有各種機器人，如光合人、生化人等，而師長是一個名叫「黑龍江一號」的少將機器人。

李清照尖叫道：「什麼！機器人還有少將！」

蔣中正道：「我們才離開百年，中國科技不可思議！」

毛澤東道：「這是我們所想像不到。」

＊　＊　＊

三人悠閒的逛向「星際交通站」，出了廣安門車站，往天津方向不遠。過廣安門車站不久，他們經過「北京忠烈祠」，祠門旁邊有四個用生鐵澆鑄的跪姿人像，好奇走近一看，原來是這四個人：李登輝、陳水扁、蔡英文、蘇真昌，他們跪在右側向內。

三人會心一笑道：「他們做了對不起民族的事。」

蔣中正道：「他們在無間地獄可能百年了！」

毛澤東道：「求出無期啊！」

李清照道：「那要看他們懺悔的決心和誠心。」

蔣中正道：「要發菩提心。」

毛澤東道：「既興信心，發菩提心難。既發菩提心，無修無證難，《四十二章經》這麼說。」

＊　＊　＊

他們終於到了「星際交通站」，他們仔細看了一般狀。原來有往月球和火星的「航空船」，往月球每天五班，航程約兩小時，往來旅客還不少，不知其身份。

往火星則兩天才一航班，人較少，航程要三天，前往火星可從北京出發，也可從月球航空站出發。三人就計畫好，先到月球，再從月球飛往火星。

他們上了一班往月球的航空船，三人都很好奇，像鄉巴佬進大城，第一次坐飛機。他們從未見過這種形狀的交通器，不像飛機，不像船，整個像圓形碟狀物。

幾分鐘就進入深太空，外面望出是無涯虛空，內部靜的出奇。不久，地球越來越小，而月球越來越大。

又一柱香時間，可以看到月球上有建築物，一個個小圓點，越來越大，終於看到很多個巨大的圓形建築群。

蔣毛李高興的說道：「我們到月球了！」

＊　＊　＊

他們隨著一隊人馬，進到一個接待中心去聽簡報。原來像這樣巨大的圓形建築，月球上現有二十座，以中國為領導的「國際月球實驗社區」。

每一座就是一個獨立生活實驗社區，區與區之間有交通連接。二十座社區中，中國有八座，俄國有四座，另歐州、非洲、南美、亞洲等各有二座。

每一座面積都十幾平方公里以上，內部包含所有生活所須，小型醫院。各種科學研究站、花園、小森林、農場、動物養殖區、超市、休閒運動設備等。

每一座大約有數百人到千人之間生活和工作，主要是各類科學家、工程師、基因專家、動植物專家、醫生等，還有少數眷屬、自願參加實驗等。

每一座命名，由各參與國家或民族命名。例如，中國八座命名分別是：北京、瀋陽、南京、武漢、重慶、成都、拉薩、烏魯木齊，是月球上八座中國小城。

整個「國際月球實驗社區」有個長遠的總目標，在中國領導下，計畫在四十年內，使月球「地球化」，可以任意住人。

＊　＊　＊

李清照道：「我們可以來一次環球旅行。」

毛澤東道：「是哦！地球各大洲都在這裡。」

蔣中正道：「真是方便！」

簡報人員最後提示說，如果大家乘坐區間交通車，會發現室外有工程在進行，所有在室外工作的都是特製機器人。這些機器人是特別設計，專用於月球戶外工作，不須要穿防護衣。在危險環境中，做人類不能做的事，只有休息保養才要回到室內。

李清照道：「人類生存發展研發能力很強。」

蔣中正道：「人類的求生本能很強。」

李清照道：「機器人越來越厲害，很多能力比人類強，有一天人類會不會反受機器人控制。」

毛澤東道：「未來事難說，五百年後誰知道。」

* * *

三人真的開始環球之旅，他們花了不少時間，先把俄國、歐洲、南美、非洲、亞洲等小城逛完，等於在地球上各重要民族文明文化的縮影。

最後他們要走走中國的八座小城。當他們最後一站進到「南京社區」，逛到一處環境很優美的地方，旁有一片樹林，小橋流水。眼前突然出現一座小寺，門口牌子寫著「中國月球南京棲霞寺」，這也太神了，月球上竟有棲霞寺。

好奇心引三人入內，竟看到兩位和尚，還有三個人，看不出什麼身份。

其中一個和尚道：「汝等三位都是機器人，兩千多年來，從未有機器人求皈依，也許三位特別有慧根，就破例為你們皈依，創造一個新的開始，帶動其他機器人也來皈依，我佛不捨眾生啊！」

* * *

於是，蔣毛李靜靜的在一旁，看他們皈依禮結束，才走出這個「棲霞寺」大門。

蔣中正道：「真是奇了，和尚都上月球了！」

毛澤東道：「月球都蓋了棲霞寺，想像不到啊！」

李清照道：「機器人算是眾生嗎？」

蔣中正道：「機器人也有信仰嗎？為何選佛教？」

毛澤東道：「這一切都不是我們能理解。」

李清照道：「會想要皈依就是信仰，那應該也有感情，可能也需要愛，那和人類有什麼差別？」

蔣毛同聲道：「莫宰羊！」

毛澤東道：「至少我們知道現在陽界進步情形。」

＊　＊　＊

之後，他們準備前往火星，在「月球星際交通站」，就有前往火星的航班，並無固定班次。只在運送人員、物資、裝備等才出航，他們得知五天後出航。

他們有充份時間，又去逛一回「北京城」，他們走到一個原先沒去過的地方，竟發現也有一個小寺，門口一個牌子，寫著「中國月球北京法源寺」，他們又入內參觀，有兩個出家人接待他們。

閒聊之下，原來是北京法源寺的分支單位，和尚只在月球待一年，就輪調回北京。因為這裡依然有宏法傳教的需求，才會開辦道場。

李清照請教道：「機器人可以皈依嗎？」

一個和尚答道：「這種事幾年前就有了。」

另一和尚道：「也許是時代的需求吧！」

＊　＊　＊

終於，他們上了一部前往火星的「中國星際交通船」，從月球到火星的航行時間，包含在中途「空間站」短暫停留，大約地球時間的三天。

蔣中正道：「在空中寂寞三天。」

毛澤東道：「才不過幾十年前，中國發射第一個火星探測器天問一號，航行了半年多。」

蔣中正道：「現在三天，進步真快！」

李清照道：「一千多年前，李白從長安走到成都，也花了半年多。」

毛澤東道：「現在要多久？」

李清照道：「只要幾分鐘吧！」

蔣中正道：「科技進步真是一日萬里啊！」

毛澤東道：「有些科學論文稱現在叫量子世界。」

李清照道：「量子世界！這個我不懂！」

蔣中正道：「我也不懂！」

＊　＊　＊

在太空中，沒有白天，沒有晚上，不知道時間要如何計算或定位！

這是一艘中型星際交通船，共有旅客三十多人，都是各領域的精英。大約是航行的第二天，蔣毛李三人禪修片刻後入定，不久都恢復了，初醒就聽到廣播，一個女廣播員的聲音。

「這裡是地球、月球、火星聯合廣播網，在火星上的中國科研人員，在氧氣和水資源開發，獲得重大的突破……」

「歐洲發生大規模動亂……局勢漸漸受控中……南美洲發生嚴重乾旱……」

「中國台灣地區發生規模不小的動亂，造成數百死傷，首謀六人已依《國安法》規定逮捕，他們聲稱是李登輝、陳水扁、蔡英文、蘇真昌、游錫堃、謝長廷等六位台獨元老的後人……」

「各國科學家，將於年度內，在月球的北京召開第九次月球加速地球化的計劃與研究……」

＊　＊　＊

李清照道：「蔡英文不是同性戀嗎？怎有後人？」

蔣中正道：「以前的太監也有後人啊！」

毛澤東道：「是啊！領養一個就行啦！」

李清照道：「好好一個台灣，弄成同性戀島。」

蔣中正道：「真的很可惜！」

毛澤東道：「不搞台獨和同性戀，人民很幸福！」

李清照道：「但那些事已過了好幾十年。」

蔣中正道：「為什麼台獨是胎毒，在娘胎就已中毒，會禍延很多代，那是可怕的思想毒。」

毛澤東道：「同性戀造成愛滋變種病毒大流行，也是沒救的，都是到最後滅亡為止。」

李清照道：「所以中國把台灣問題框列起來。」

蔣中正道：「嚴格框列，才不會散播為害別處。」

毛澤東道：「差不多是任其自生自滅。」

蔣中正道：「框列管控，使其不受外國勢力利用。」

李清照道：「也不為害大陸。」

毛澤東道：「正是。」

＊　＊　＊

大約航程過半時，有廣播聲音傳來，即將到達「中國地火空間站」，是地球和火星之間的空間站。往來於火星、月球和地球間的星際交通船或貨運船等，通常在這個空間站暫停數小時。

空間站只提供休息和購物，四週有觀景台，可以瞭望宇宙深空的奇妙，觀景台備有「量子望遠鏡」，可以看到二千億光年以外的世界。

空間站內有商場，來自火星、月球的一些特別產品，紀念品，應有盡有，儼然是一個小小世界。

＊　＊　＊

蔣毛李三人隨人出了交通船，到空間站逛了一大圈，在一個景觀極佳的咖啡廳小坐。

李清照道：「世界太多太大了，我們太微小了！」

蔣中正道：「我們已經歷過幾個世界！」

毛澤東道：「無論你能到多少世界，所見所知仍只是一點點。」

蔣中正道：「小如微塵。」

李清照道：「光是三界就二十八天，一個忉利天也有三十三個天國。」

他們閒聊著，觀賞宇宙深空，等著要前往火星。

那又是一個怎樣的世界？請看終章分解。

第十四章　火星參訪有喜憂　還是極樂世界好

三人隨眾再上了星際交通船，飛行器在虛空中，寂靜的航行著，無半點聲響，四週望出亦無景物。

蔣中正道：「星際旅行都這麼無聊嗎？」

李清照道：「應該是。」

毛澤東道：「星球距離很遠，中間又都是虛空。」

李清照道：「和二位討論一個問題。」

毛澤東道：「請說。」

李清照道：「我們在陽界所見，為什麼動亂多？尤其歐美白種人世界，大多衰亡。照理說，眾生都有佛性，歐美或台灣，不應該說他們沒救了！」

蔣中正道：「這涉及環境和人性兩個層面問題。」

毛澤東道：「介石兄說的是。環境是什麼樣子，人通常很容易在不知不覺中，也就是『冷水煮青蛙』的漸變中，變成環境的樣子，這就是文明文化的影響。」

李清照道：「就像一個中國兒童放到美國，受教成長就變成美國人，在中國讀孔孟書長大就是中國人。」

毛澤東道：「大約是這樣。」

蔣中正道：「雖人有佛性，但因五濁惡世，人要學壞很容易，學好很難。」

毛澤東道：「眾生之多，如長江黃河沙，能學佛者幾稀；絕大多數，很難要他做到八正道，乃至有布施心、持戒心等，這都太難，所以多數眾生是做不到的。」

蔣中正道：「佛就說過人有二十難。」

李清照道：「那二十難？」

＊　＊　＊

蔣中正道：「貧窮布施難、豪貴學道難、棄命必死難、得睹佛經難、生值佛世難、忍色忍欲難、見好不求難、被辱不嗔難、有勢不臨難、觸事無心難、廣學博究難、除滅我慢難、不輕未學難、心行平等難、不說是非難、會善知識難、見性學道難、隨化度人難、睹境不動難、善解方便難。」

李清照道：「這麼多難，難怪古來成道者極稀有。」

毛澤東道：「學好很難，環境濁惡，動亂就多。」

蔣中正道：「所以要用中國式治理。」

毛澤東道：「西方文化主張人性要解放，所以色欲開放，搞同性戀等，人倫必然瓦解；中國文化主張人性要受到制約，色欲要合乎人倫道德，社會才能和諧，人民自然幸福，人權民主也就落實了。」

＊　＊　＊

三人時而聊聊，時而靜坐養神，航行在不知不覺中。

突然聽到有人說道：「你們看，火星耶！」

果然一顆紅色的大星球，以肉眼可感的速度長大。

李清照道：「我們真的來到火星了。」

毛澤東道：「寂寞的三天。」

蔣中正道：「大家聊聊話題就不寂寞了！」

突然有廣播聲音傳出：「這裡是火星廣播網，由中國領導的國際科學家代表，與外星人的第二輪會談有了重大成就，將於近期內簽訂互助合作條約，這是人類與外星人和平交流的開始。」

整個交通船內傳出熱烈歡呼，三天來最熱鬧的時刻，就是現在了！

蔣毛李三人幾乎同時驚訝道：「外星人……」

毛澤東道：「從二百年前就謠傳外星人，果然有。」

蔣中正道：「還真的有耶！」

李清照道：「一千多年前我們也有這種想像。」

毛澤東道：「就是不知道他們科技如何！」

蔣中正道：「還有住哪個世界？」

李清照道：「應是太陽系內吧！」

蔣毛同聲道：「不一定。」

李清照道：「到火星一問便知。」

正當他們說著，又有廣播道：「各位旅客，我們即將到達火星星際交通站，請清點好你的隨身攜帶物品，祝你火星之旅愉快。」

＊　＊　＊

三人隨眾出了交通船，進入「火星星際交通站」，從四週都是透明建材牆面望出，正好看到三部巨大的運輸船。斗大的字寫著「中國北京集團火星工程公司」、「中國成都集團星際貨運公司」、「中國國際火星建設公司」。看來中國已領導各國在火星大建設。

三人又隨眾到接待室聽簡報。有人提議，能不能先去參觀外星人？

簡報人員說道：「地球科學家和國際代表，與外星人目前正在『炎黃三號深空站』開會，從火星出發要一天行程，那裡是不開放的。」

眾人有些失望，接待人員繼續做簡報，當人都散去，蔣毛李三人隨意到處看。

原來，對火星的開發，竟比月球還要積極，規模更大。有數十個巨大的室內實驗社區，六成由中國負責，四成的其他各國。

室外有很多工程在進行，地面上和地底下工程都有，工作者都是機器人。

還有不少「溫室」，也很巨大，溫室果園、溫室菜園、溫室森林、溫室漁場、溫室牧場等。

按簡報的介紹說，有「基建神魔」之稱的中國工程隊，計劃以八十年時間，使火星「地球化」。

*　*　*

他們三人到每個「社區」（類似月球的巨大圓形社區），無不嘆為觀止，都覺得可能不須八十年，火星就全面「地球化」。

蔣中正道：「我一則以喜，一則以憂！」

李清照道：「喜從何來？憂從何來？」

蔣中正道：「火星地球化亦喜亦憂。」

毛澤東道：「願聞其詳！」

蔣中正道：「火星也好，月球也罷，地球化後可使人類多個地方生活，地球已進入『第六次大滅絕』，人類可移居月球和火星，此則為喜。」

李清照道：「那憂呢？」

蔣中正道：「全面地球化建設，也表示快速大規模工業化，必然又有大破壞；遲早又會出現『月球第一次大滅絕』和『火星第四次大滅絕』，從人類過往歷史看，這很難避免。」

李清照道：「人類已有一次破壞地球經驗，難道不思改進嗎？」

毛澤東道：「介石兄所言不無道理。」

李清照道：「這麼說歷史會重演！」

毛澤東道：「會重演，我看還有更大的問題。」

李清照道：「什麼問題？」

＊　＊　＊

毛澤東道：「月球、火星照這樣發展下來，不出數十年，最多百年，也會成為強大的勢力，內部各族群紛紛會獨立建國，就會有很多戰爭。」

蔣中正道：「這是可預期的。」

李清照道：「什麼！人為什麼喜歡打仗？」

毛澤東道：「為爭奪權力和利益。」

蔣中正道：「權力使人腐化，利益使人貪婪。」

李清照道：「結果都不好。」

毛澤東道：「還有更不好的。」

蔣中正道：「潤之兄看的深遠啊！」

毛澤東道：「月球火星強大後，可能出現大帝國，那時，地球、月球、火星，會不會爆發星際戰爭？」

李清照道：「對哦！那更可怕！」

蔣中正道：「其實未來可能危機不止這些！」

李清照道：「還有什麼？」

＊　＊　＊

蔣中正道：「各位想想，現在機器人在很多能力已超過人類，已經有信仰，這表示機器人有智慧有情感，怎麼可能一直受制於人類，為人類工作。」

毛澤東道：「介石兄已看到真實的未來。」

李清照道：「會不會倒過來，人被機器人控制。」

毛澤東道：「這很有可能！」

蔣中正道：「所以未來陽界這幾個星球不樂觀。」

毛澤東道：「我也覺得不樂觀。」

李清照道：「只能說一切都在成住壞空中輪迴。」

毛澤東道：「無常才是常。」

＊　＊　＊

蔣中正道：「現在外星人也來，外星人、機器人和人類，都是難纏的角色，你們認為能和平相處嗎？」

李清照道：「對哦！我都沒想到。」

毛澤東道：「這是很大的潛在危機，和平條約都靠不住！」

蔣中正道：「和平條約隨時可以撕毀。」

李清照道：「這倒是事實。」

毛澤東道：「一百多年前，德國要攻打蘇聯前，就先簽訂和平條約，才簽完就攻打。」

李清照道：「別說一百多年前，就是一千多年前，我大宋和金人剛了和平條約，說撕毀就斯毀！」

蔣中正道：「人類皆如此，外星人那靠得住！」

毛澤東道：「我看人類和外星人大戰是遲早的事。」

李清照道：「也可能機器人和外星人大戰。」

蔣中正道：「也可能機器人和外星人聯合攻打人類，就更不妙了！」

毛澤東道：「或三方俱滅也可能！」

＊　＊　＊

就在這陽界之旅最後的尾聲，他們邊玩著邊聊著！都對陽界不樂觀，總覺遲早滅亡！

毛澤東道：「還是我們的西方極樂世界永恆不亡。」

蔣中正道：「極樂世界已脫離六道輪迴，沒有成住壞空，故能永恆不亡！」

李清照道：「我在無間地獄和忉利天的志工積點已足夠，可以回去申請前往極樂世界。」

蔣毛二人同聲竟：「好我們就在極樂世界相見哦！」

李清照道：「好。」

他們各自啟動密碼，念動真咒，便各自回到自己的世界。

欲知三人在西方極樂世界相遇如何！請讀者們去了那個世界再看看。

附件一

神之州絕美勝景簡介

①珠穆朗瑪峰　全球最高　萬山之聖山

位置：神之州與尼泊爾交界，海拔：八八四四米。

②貢嘎山　蜀山之王　海拔：七五五六米。

位置：四川省甘孜藏族自治州瀘定、康定、九龍三縣境內。一萬餘平方千米。

③博格達峰　天山明珠　海拔：五四四五米。

天山山脈東，新疆昌吉州境內。

④梅里雪山　雪山太子

在雲南省德欽縣東北，三江（金沙江、瀾滄江、怒江）並流地區。

⑤泰山　五岳之首　天下第一山

位於山東省中部，古稱：岱山、岱岳、岱宗、泰岳。從秦始皇開始，有七十二位帝王到泰山舉行封禪祭典大禮，乃我龍族精神文化象徵。

⑥華山　天下第一奇險山　海拔：二二〇〇米。

位置：陝西省華陰縣境內，陝、晉、豫黃河金三角交匯處。

⑦峨眉山　佛教四大名山之一　海拔：三〇九九米。

在四川盆地內，佛家稱「銀色世界」。

⑧五台山　佛教四大名山之一（另三：峨眉山、九華山、普陀山）。文殊菩薩的道場。

位置：山西省五台縣，面積約三百平方千米。

⑨黃山　五岳歸來不看山，黃山歸來不看岳

在安徽省南部，主要山峰有：天都峰、蓮花峰、光明頂，海拔都在一千八百多米。

⑩武夷山　華東大陸屋脊

在福建省西北部，有三十六奇峰、三十三秀水。

⑪廬山　海拔：一四七四米。

在江西省九江市，龍族文明發源處之。

⑫ 長白山天池　天池水面海拔：二一八九米。

在吉林省東南，三江（松花江、鴨綠江、圖門江）之源，龍族生態自然保護區。

⑬ 天山天池　湖面海拔：一九八〇米。

在新疆省阜康縣，古稱西王母的「瑤池」。

⑭ 納木錯　湖面海拔：四七一八米。

在西藏當雄和班戈縣境內，龍族第二大鹹水湖，世界最高鹹水湖。面積：一九二〇多平方千米。

⑮ 青海湖　龍族最大內陸湖　海拔：三一九六米。

位於青藏高原，面積：四五〇〇平方千米。

⑯ 喀納斯湖　湖面海拔：一三七〇米。

在新疆布爾津縣北，面積：四十五平方千米。

⑰ 西湖　龍族浪漫唯美，故事最多的湖。

在浙江杭州，面積：六〇平方千米。

⑱ 茶卡鹽湖　湖面海拔：三〇五九米。
在青海省，面積：一〇五平方千米。

⑲ 肇慶星湖　由七星岩、鼎湖山兩大景區
位在廣東肇慶市，為世界自然保護區。

⑳ 洱海　湖面海拔：一九〇〇米。
雲南省北起洱源縣，南到大理市。湖面積：二五一平方千米。有三島四洲五湖九曲自然勝景。

㉑ 漓江　典型的中國水墨畫　美景如夢如幻
在廣西桂林，壯族自治區東北部，全長一六〇千米，譽為世上最美的河流。

㉒ 塔里木河　神州第一大內陸河
在新疆塔里木盆地，長二一七九千米。

㉓ 三江並流　（怒江、瀾滄江、金沙江合流處）
雲南省西北部，全區約四萬平方千米，為地球最後淨土。

㉔ 德天瀑布　大自然的山水畫廊
在廣西大新縣碩龍鄉德天村，亞洲第一大瀑布。

㉕黃果樹瀑布　神州第一瀑
在貴州省鎮寧、關嶺兩縣境內。

㉖壺口瀑布　神州第二大瀑布
在山西省吉縣城，黃河壺口瀑布。

㉗黃土高原　海拔平均一—二千米。
位於神州中部偏北，跨越七省區，太行山以西、青海日月山以東、秦嶺以北、長城以南廣大地區。總面積約六十四萬平方千米。

㉘五彩灣　有五彩城、火燒山、化石溝三大景區。
在新疆省吉木薩爾縣北，大自然抽象畫廊。

㉙小寨天坑　天下第一坑　屬喀斯特地貌
位於重慶市奉節縣荊竹鄉小寨村。深六六六米，坑口直徑六二二米，坑底直徑五二二米。

㉚織金洞　織金天宮　龍族地下童話世界
在貴州省織金縣東北，神州地下藝術宮殿。總長十二千米，總面積七十多萬平方米。

㉛ 香格里拉　《消失的地平線》所述永恆寧靜之地
在雲南省西北的迪慶，藏語是「吉祥如意的地方」。二〇〇一年，迪慶已改名香格里拉縣。

㉜ 石林　與北京故宮、西安兵馬俑、桂林山水，為神州四大旅遊勝景。
在雲南省石林彝族自治縣內，譽稱「天下第一奇觀」，亦是喀斯特地貌。

㉝ 武陵源（張家界、天子山、索溪峪、楊家界）
位於湖南省武陵山脈中，面積約三七〇平方千米，大自然的人間仙境。

㉞ 九寨溝　海拔：二千到四千三百米。
在四川省阿壩藏族羌族自治州，美麗如童話世界，神州自然林保護區。

㉟ 稻城　也是傳說中的香格里拉
位於四川省甘孜藏族自治州南部，總面積：七三〇〇平方千米。

㊱ 黃龍　自然形成的金色巨龍
位在四川省松潘縣境內，有「人間瑤池、中國一絕」之美稱，神州現代冰川保護區，大熊貓棲息地。

㊲ 塔克拉瑪干沙漠　世界第二大沙漠

在塔里木盆地中心，總面積約三十四平方千米。維吾爾語是「進去出不來」，亦叫「死亡之海」，有「三千歲胡楊樹」，即「出生後千年不死、死後千年不倒、倒後千年不腐爛」。

㊳ 將軍戈壁（魔鬼城、硅化木、恐龍溝、石錢灘）

在準噶爾盆地東部，面積約一千平方千米。得名於吾龍族唐代有一將軍率兵在此與西突厥人決戰，境內有一將軍廟（已倒塌），地名得以流傳。

㊴ 火焰山　《西遊記》中困住唐僧一行之地

在新疆吐魯番盆地北部，神州最熱的地方，海拔五百米，地面最高溫達七十度C以上。

㊵ 羅布泊　樓蘭古國和樓蘭姑娘在此

在新疆若羌縣東北，東接敦煌，西連塔克拉瑪干沙漠，古絲路必經之地。面積約二四〇〇平方千米。

㊶ 烏爾禾魔鬼城　大自然建造的城

在新疆克拉瑪依市烏爾河區，《臥虎藏龍》、《英雄》在此拍片。

㊷ 阿里　千山之巔、萬山之源、西藏的西藏

在青藏高原北部羌塘高原核心地帶，世界屋脊之屋脊，佛教之「世界中心」。

㊸ 鳴沙山　敦煌盛景、月牙泉，塞外風光第一絕

在甘肅敦煌市西南，沙鳴沙歌，大自然的神曲，「鳴沙山怡性，月牙泉洗心」。

㊹ 雅魯藏布江大峽谷　世界第一大峽谷

在西藏東南，平均海拔三千米以上，侵蝕下切五千三百米，世上最高最長大峽谷。

㊺ 長江三峽（瞿塘峽、巫峽、西陵峽）

總長約一九二千米，三里一灣、五里一灘，名勝古蹟和自然美景無數。

㊻ 怒江大峽谷　世界第三大峽谷

在中緬邊境，峽谷兩岸平均海拔三千米以上。這裡生活著十多種龍族：傈僳、怒、獨龍、白、漢、普米、納西、藏、彝、傣、景頗各民族。

㊼ 祁連山草原　北方最豐美的草原

青海和甘肅省交界處，面積約二一〇〇平方千米。

㊽ 壩上草原　秋天五彩最美：草原、湖泊、山川、峽谷和藍天白雲。

在河北豐寧滿族自治縣，面積三五〇平方千米。

㊾ 呼倫貝爾草原　綠色淨土

在內蒙古東北、大興安嶺以西，總面積約九萬多平方千米。「千里草原鋪翡翠」，北方民族成長的搖籃。

㊿ 天涯海角　古代罪人流放地

海南三亞市，現在是世界最美的椰影、陽光、沙灘、海浪，世界選美聖地。

(51) 南海　龍族的內湖游泳池。

龍族正在大力建設，增強戰力，美帝和邪國西方國正要啟動「新八國聯軍」，入侵龍族領地。

(52) 鼓浪嶼　福建廈門市思明區一小島

曾是十三個西方帝國的殖民地，留下許多「國恥」，成為今之「萬國建築博覽館」。

(53) 亞龍灣　東方夏威夷　天下第一灣

在海南省南部，「三亞歸來不看海、除卻亞龍不是灣」，是世界級旅遊勝景聖地。

㊹東寨港　神州最大紅樹林保護區
在海南省瓊山，面積四十平方千米。區內紅樹有十科十八種。（全世界有二十四科八十二種）

㊺香港　可憐被邪惡西方帝國殖民百餘年
至今仍不知自己是「龍的傳人」，《國安法》執行後會有立竿見影成效。

㊻平遙古城　神州保存最好的古代縣城
在山西省中部，面積約三平方千米，始建於周宣王時期，至今有三千年了。

㊼鳳凰古城　湘西明珠
湖南土家族苗族自治州鳳凰縣，面積約六平方千米。
沈從文西著《邊城》的世界，真善美之淨土。

㊽麗江古城　高原姑蘇、東方威尼斯
在雲南省麗江縣，面積約四平方千米。

㊾皖南古村落　東方文化縮影　古代建築博物館
在安徽省黃山市，為世界文化遺產，《臥虎藏龍》在此取景甚多。譽稱「中國畫裡的鄉村」。

⑥⓪福建土樓　軍民雙用的城堡建築

在福建、廣東、江西三省交界，盛譽「世界民居建築奇葩」。也是一千多年來，客家遷居的建築文明。

⑥①開平碉樓　源自明朝末年，中西合璧建築

在廣東省開平市，軍民雙用，集體防衛建築。

⑥②烏鎮　江南古鎮中俱特色風采

在浙江省桐鄉市，面積約七十二平方千米。建鎮始於唐代，但六千年前已有龍族先祖在此定居。

⑥③屯溪老街　宋代建築　明清街道風采

在安徽黃山市，有「活動著的清明上河圖」美譽，老街也叫「宋城」，全長八三二米。

⑥④周庄　中國第一水鄉

在江蘇省昆山市，小橋、流水、人家的人間仙境。

⑥⑤萬里長城　永恆駐守神州的巨龍

東起遼寧省，西到甘肅省，全長約七千多千米，中間經過九個省。

⑯ 北京故宮　世界規模最大而完整的古代宮殿

面積約七平方千米，原名「紫禁城」，始建於明永樂年間。明、清兩代二十四位皇帝，在此登基繼位，其宮內寶物很多在地瓜島故宮，遲早要回歸。

⑰ 天壇　神州現存最大壇廟建築群

在北京崇文區西南，明清皇帝祭天聖地，總面積二十七平方千米，始建於明嘉靖時。

⑱ 布達拉宮　世界十大土木石經典建築之一

在西藏拉薩市西北郊區，為藏族古建築藝術寶庫，始建於公元六世紀，歷代再擴建。也是地球上海拔最高的大型古建築，西藏政教中心。

⑲ 承德避暑山莊及周圍廟宇

在河北省承德市，又叫：承德離宮或熱河行宮，是滿清第二政治中心，龍族建築文化之寶庫，世界重要文化遺產。

⑳ 孔廟、孔府、孔林　衍聖公府

孔子死後一年，周敬王四十二年（前四七八年），魯哀公下令祭祀孔子，把孔子住屋當廟宇。二千五百年來擴建到現在的規模，儒家思想成為「正統中國」證據。

⑪ 武當山古建築群　龍族第一大道教名山

在湖北省丹江口市，元、明、清三代建築藝術經典，在「天下第一仙山」之說。

⑫ 雲岡石窟　曠世無雙的佛教思想和藝術體現

在山西大同市西郊，洞窟數量二百五十二座，始建於北魏，有一千五百年歷史了。

⑬ 龍門石窟　龍族三大石窟之一

始建於北魏，在河南洛陽南郊伊河岸邊，全長一千多米，佛教文明文化寶庫。

⑭ 大足石刻　儒、佛、道三家集一體

始建唐代，在重慶大足縣，佛像五萬多座。

⑮ 蘇州園林　江南園林甲天下　蘇州園林甲江南

在江蘇省蘇州市，最早是春秋時代吳王園囿，此後歷代有修建，已二千多年歷史。體現龍族古典園林設計的理想品質，彰顯中華文明文化的意象美。

⑯ 頤和園　龍族古典園林　西方邪惡帝國大搶劫

園中寶物現仍在英美法德等博物館，何時能回歸？

(77) 明清皇家陵墓　江蘇、湖北、河北、遼寧都有

主要：明顯陵、清東陵、清西陵、明十三陵、明孝陵、清福陵、昭陵、永陵等。

(78) 都江堰　秦昭王時李冰任蜀郡第四任太守修建，至今完好，有「鎮川之寶」美譽，永久解決了岷江水患的問題，這是世界水利工程的明珠。

(79) 坎兒井　龍族的「地下長城」

在新疆吐魯番，是神州第三大歷史工程，也有二千多年歷史了。

(80) 京杭大運河　春秋時代吳王夫差始建

南起浙江杭州，北到北京通州北關。貫通南北六省市，連接錢塘江、長江、淮河、黃河、海河五大水系，有助神州維持大一統局面。

(81) 元陽梯田　從海拔一百多到二千多

在雲南元陽縣，面積：一一三平方千米。由低海拔到高海拔分布各民族居住生活，傣族、壯族、彝族、哈尼族、苗族、瑤族，漢族住城鎮或公路沿線。

(82) 大興安嶺　金雞冠上的綠寶石

在內蒙和黑龍江北部，是神州林業資源寶庫，北方民族成長發源地。

㊳ 神農架　華中屋脊

在湖北、陝西、四川三省交界，神州東部最大原始林和國家自然保護區，神農炎帝曾在這裡嘗百草。

㊴ 西雙版納　植物、動物、藥材三大王國

在雲南西南部，傣族是此區主要民族，另有漢、瑤、哈尼等十三個族。

㊵ 四姑娘山　東方阿爾卑斯山、蜀山皇后

在四川西部小金、汶川兩縣間，國家生態保護區，宛如一派秀美的南歐風光。

㊶ 梵淨山　梵天淨土　佛光普照

在貴州省江口、松桃、印江三縣交界，總面積：五六七平方千米。

㊷ 扎龍　鶴類保護區

在黑龍江省齊齊哈爾市，面積：二一〇〇平方千米。「鶴的故鄉」，神州生態保護區。

㊸ 臥龍　熊貓基地

在四川省汶川縣，總面積：七千平方千米。

位於神州邊陲之地瓜島也有不少勝景，如阿里山、日月潭、太魯閣、野柳……及及玉山、雪山、大霸、嘉明湖等，亦吾龍族寶地，簡介從略。

附件二

註解：雄性動物消失中

雄性動物消失中…

人間福報 2020.3.8.B7

文／派翠西亞　圖／取自網路

人類世界很早就確立：兩性和諧互助、相輔相成，最有利於人類發展。然而在動物界，由於物競天擇的演化規則，大自然的設計師不得不以絕妙的手法來創造萬物，讓雌性動物站在高處旁觀，任由雄性動物透過殘酷的相爭相鬥，供雌性動物最後在勝出者中，找到最佳基因繁衍後代。

雌性主導為生物常態

實際上，在許多物種中，例如獅群、象群、狐獴、蜜蜂、螞蟻、螳螂……扮演領導者角色的都是雌性，雄性則降級爲次要角色。再如海中的虎鯨、海豚家族，也是圍繞著族群中的雌性運轉的。一個虎鯨家族中的雌性，會帶領後代與牠們共同生活數十年，形成非常穩定的家庭結構。

但也因此，各物種的雄性動物，必須演化出不同的爭取異性青睞及繁殖機會的樣態，不同的物種也演化出不同的擇偶偏好，才能讓每一個物種都能順利繁衍下去。

比如說，雄鳥往往會利用美麗的羽毛、舞蹈、啼聲、殷勤獻寶……來吸引雌鳥的注意，雄孔雀愈來愈鮮艷的羽毛，就是爲了吸引雌孔雀的注意。相對的，非洲織巢鳥的雌性接近雄性的時候，雄性會故意衝撞自己的巢，表示自己的巢有多麼牢固。如果雌性被打動，就會親自檢查鳥巢，一旦發現不合格，雌鳥就會轉身離去。鳥巢要是受到連續拒絕，那雄鳥就會推倒重建。

通得過考驗才得繁衍

就是這麼嚴苛的考核和試煉，使得每一種動物衍生出不同的引人風采，例如：獅子除了要有濃密的鬃毛，更要有技高一籌的打鬥能力，來顯示自己的王者風範；至於山羊、鹿、牛、馬、猴子、猩猩……等群體中的雄性動物，除了一些突出的形貌特徵如鬃毛、犄角、羽毛等，更要通過決鬥來確定自己在種群中的地位，以保證更多地交配權，從而產生更加優質的後代。

這也是爲什麼，儘管從人類角度看來，雄性動物通常具有更艷麗的色彩或突出的特徵，而雌性動物則通常柔軟而素樸，但其實雄性是辛苦爭取芳心的一方，雌性則以逸代勞，地位高下不言可喻，不能只以人類的角度去觀察和判斷。

科學研究雄性消失中

然而，這些千萬年不變的演化規則，在近年受到極大的挑戰，科學家根據研究，大膽做出一個預測：「雄性動物即將從地球上逐漸消失。」科學家更信誓旦旦提出警告：這並不是危言聳聽，而是人類必須正視的一個難題。

動物學家發現，象徵美國立國精神的白頭海鵰，是分布於北美洲阿拉斯加、加拿大美國和墨西哥西北部的一種猛禽，棲息於海洋、湖泊等水域附近的苔原、針葉林或沙漠等環境中。

白頭海鵰以獸類、鳥類、爬行動物、昆蟲等爲食，也吃動物屍體。牠築巢於懸崖地面灌木叢或樹林中，每窩產卵1至3枚，孵化期爲35天，育雛期爲70天至92天，算是食物鏈中相當頂端的物種。

生殖能力因何而消退

然而，現在這種鳥類已經瀕臨滅絕，主要原因就在於雄鳥的生殖能力不斷減退中，受孕機率低、不健康卵難以孵化，加上育雛風險增加、食物取得不易，使得白頭海鵰數量一直處於瀕絕邊緣。

另外，在美國佛羅里達州，科學家曾發現生殖器變彎的鱷魚，顯示物種畸形有一定的比例，多少影響物種延續；在非洲，科學家也發現成年雄性花豹，睪丸還留在腹腔內，這種類似人類隱睪症的狀況，也顯示該動物勢將無法傳宗接代。

至於英國一項調查報告則證實，生活在工廠排放汙染河流中的石斑魚，60%發生了駭動的變性現象。接受調查的雄性石斑魚，受到環境荷爾蒙汙染影響，100%出現了雌性化現象，不少雄性石斑魚的生殖器，竟然開始具有排卵功能，並出現了兩性魚，爲此，生物學家疾呼，動物世界確實已面臨著雌性化的危機。

各類汙染不利各物種

其實，動物如此，人類的危機也不遑多讓。這可從各國出生率不斷下降，男性生殖系統疾病明顯增加，雌性化的危機比之動物界有過之而無不及可以看出。追查其原因，則是多方面共同造成的，但大多與人類所造成的環境汙染有關，如化學藥劑不當排放、塑化劑及各種激素製劑大量泛濫，隨意放流造成環境及飲水汙染，而人和動物又靠這些水和植物生存，導致體內雌激素不斷增加，從而降低生育率。

此外，動物養殖工業化，也爲動物雌性化起了推波助瀾的作用。由於人們爲讓動物快速增肥，各型畜牧業在飼料中加入激素和化肥，這對動物和人類形成最大的影響，就是直接造成雄性動物體內的雄性激素退化，加上環境中無所不在的各類洗劑、殺蟲劑、農藥、生長劑……使人類及動物從胚胎期開始就對雄性產生危害，因此不只單一物種，幾乎所有物種都受到程度不一的影響。

3月8日國際婦女節，且來看看動物世界中，明明公獅、雄孔雀、雄鹿……都有著俊美雄壯的外型和氣力，爲何科學家卻認爲：動物界其實「雌強雄弱」——大部分的雌性動物，都可單靠自己育兒求生，撐起半邊天，相對的，雄性動物卻正逐漸從地球消失……

像女人的男人越來越多

原來如此！

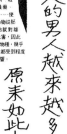

附件三

註解：最後的地瓜島

印尼總統上周宣布將遷都婆羅洲，以因應全球暖化。氣象達人彭啓明也警告：「2032 年，全球暖化可能會上升 1.5 度，我們只剩下 12 年的時間可以遷都，台灣要趕快行動。」這是危言聳聽還是確有可能？如果台北不復存在，那台灣還有哪些縣市也會浸在海水中呢？

國內各報
人間福報
2019.8.31.

12年後 台北還在嗎？

未來 台灣哪裡先沉海

今年夏天，高緯度冰原、北極冰架、各地冰川及滑雪場，都受到全球氣溫上升影響而快速融解，使得海平面不是注入涓涓溪流式的上漲，而是如水管注水，上升速度快了很多，對大氣與環境的影響也急遽變得嚴重。

地球愈熱、氣候變化愈劇烈，台灣的農業將趨於滅亡。氣候改變，農作時序會大亂，最可能的短期現象是風險期增加，收穫期縮短。這些年來台灣毛毛雨、平原晨霧的日子幾乎不見了，如果山區溫差日漸縮小、山霧不再迷濛，台灣自豪的高山茶將會逐漸消失，未來的農作物也將難以按時收成。

台灣是個海島，沒有綿長的內陸縱深可以緩解氣候變遷的不良影響，氣候災變對台灣的打擊是快速、激烈而且無路可逃。而依據海平面上升探索網（Sea Level Rise Explorer）資料顯示，如果南、北兩極的冰都融化，海水可能上升65公尺。

可以想見，如果溫室效應繼續惡化，不但大平洋島國如諾魯、吐瓦魯、吉里巴斯、帛琉、斐濟等會率先沉入海水中，不用100年，歐洲的荷蘭恐有6成的國土會浸泡在海水中，至於台灣，屆時恐怕只剩下中央山脈還浮在海面上，至於澎湖及金馬、蘭嶼、綠島、小琉球等離島早就沉入水中，就算有些高山露出水面，也只剩下不適合人居的海中礁石。

其中大台北地區平地會從北投、士林、蘆洲開始淹水，接著丘陵開始淹水，到最後整個淹沒，屆時，桃園機場及整個桃園全部不見；宜蘭沖積扇（平原）會從靠海岸的鄉鎮開始淹，最後連三星蔥也淹沒；嘉南平原會從靠西部海岸的鄉鎮開始淹，逐漸淹到阿里山脈山腰；大台南區沿海鄉鎮會早早沒入水中；高屏地區平地也將無一倖免！

台獨有解了，只要幾十年，台灣剩下中央山脈浮在海上，還獨嗎？

陳福成著作全編總目

壹、兩岸關係

①決戰閏八月
②防衛大台灣
③解開兩岸十大弔詭
④大陸政策與兩岸關係

貳、國家安全

⑤國家安全與情治機關的弔詭
⑥國家安全與戰略關係
⑦國家安全論壇。

參、中國學四部曲

⑧中國歷代戰爭新詮
⑨中國近代黨派發展研究新詮
⑩中國政治思想新詮
⑪中國四大兵法家新詮：孫子、吳起、孫臏、孔明

肆、歷史、人類、文化、宗教、會黨

⑫神劍與屠刀
⑬中國神譜
⑭天帝教的中華文化意涵
⑮奴婢妾匪到革命家之路：復興廣播電台謝雪紅訪講錄
⑯洪門、青幫與哥老會研究

伍、詩〈現代詩、傳統詩〉、文學

⑰幻夢花開一江山
⑱赤縣行腳・神州心旅
⑲「外公」與「外婆」的詩
⑳尋找一座山
㉑春秋記實
㉒性情世界
㉓春秋詩選
㉔八方風雲性情世界
㉕古晟的誕生
㉖把腳印典藏在雲端
㉗從魯迅文學醫人魂救國魂說起
㉘六十後詩雜記詩集

陸、現代詩（詩人、詩社）研究

㉙三月詩會研究
㉚我們的春秋大業：三月詩會二十年別集
㉛中國當代平民詩人王學忠
㉜讀詩稗記
㉝嚴謹與浪漫之間
㉞一信詩學研究：解剖一隻九頭詩鵠
㉟囚徒
㊱胡爾泰現代詩臆說
㊲王學忠籲天詩錄

柒、春秋典型人物研究、遊記

㊳山西芮城劉焦智「鳳梅人」報研究
㊴在「鳳梅人」小橋上
㊵我所知道的孫大公

㊶為中華民族的生存發展進百書疏
㊷金秋六人行
㊸漸凍勇士陳宏

捌、小說、翻譯小說

㊹迷情・奇謀・輪迴、
㊺愛倫坡恐怖推理小說

玖、散文、論文、雜記、詩遊記、人生小品

㊻一個軍校生的台大閒情
㊼古道・秋風・瘦筆
㊽頓悟學習
㊾春秋正義
㊿公主與王子的夢幻、
(51)洄游的鮭魚
(52)男人和女人的情話真話
(53)台灣邊陲之美
(54)最自在的彩霞
(55)梁又平事件後

拾、回憶錄體

(56)五十不惑
(57)我的革命檔案
(58)台大教官興衰錄
(59)迷航記、
(60)最後一代書寫的身影
(61)我這輩子幹了什麼好事
(62)那些年我們是這樣寫情書的
(63)那些年我們是這樣談戀愛的
(64)台灣大學退休人員聯誼會第九屆理事長記實

拾壹、兵學、戰爭

(65)孫子實戰經驗研究
(66)第四波戰爭開山鼻祖賓拉登

拾貳、政治研究

(67)政治學方法論概說
(68)西洋政治思想史概述
(69)中國全民民主統一會北京行
(70)尋找理想國：中國式民主政治研究要綱

拾參、中國命運、喚醒國魂

(71)大浩劫後：日本 311 天譴說
日本問題的終極處理

拾肆、地方誌、地區研究

(72)台大逸仙學會
(73)台北公館台大地區考古・導覽
(74)台中開發史
(75)台北的前世今生
(76)台北公館地區開發史

拾伍、其他

(77)英文單字研究
(78)與君賞玩天地寬（文友評論）
(79)非常傳銷學
(80)新領導與管理實務

2015 年 9 月後新著

編號	書　　　名	出版社	出版時間	定價	字數(萬)	內容性質
81	一隻菜鳥的學佛初認識	文史哲	2015.09	460	12	學佛心得
82	海青青的天空	文史哲	2015.09	250	6	現代詩評
83	為播詩種與莊雲惠詩作初探	文史哲	2015.11	280	5	童詩、現代詩評
84	世界洪門歷史文化協會論壇	文史哲	2016.01	280	6	洪門活動紀錄
85	三搞統一：解剖共產黨、國民黨、民進黨怎樣搞統一	文史哲	2016.03	420	13	政治、統一
86	緣來艱辛非尋常－賞讀范揚松仿古體詩稿	文史哲	2016.04	400	9	詩、文學
87	大兵法家范蠡研究－商聖財神陶朱公傳奇	文史哲	2016.06	280	8	范蠡研究
88	典藏斷滅的文明：最後一代書寫身影的告別紀念	文史哲	2016.08	450	8	各種手稿
89	葉莎現代詩研究欣賞：靈山一朵花的美感	文史哲	2016.08	220	6	現代詩評
90	臺灣大學退休人員聯誼會第十屆理事長實記暨 2015～2016 重要事件簿	文史哲	2016.04	400	8	日記
91	我與當代中國大學圖書館的因緣	文史哲	2017.04	300	5	紀念狀
92	廣西參訪遊記（編著）	文史哲	2016.10	300	6	詩、遊記
93	中國鄉土詩人金土作品研究	文史哲	2017.12	420	11	文學研究
94	暇豫翻翻《揚子江》詩刊：蟾蜍山麓讀書瑣記	文史哲	2018.02	320	7	文學研究
95	我讀上海《海上詩刊》：中國歷史園林豫園詩話瑣記	文史哲	2018.03	320	6	文學研究
96	天帝教第二人間使命：上帝加持中國統一之努力	文史哲	2018.03	460	13	宗教
97	范蠡致富研究與學習：商聖財神之實務與操作	文史哲	2018.06	280	8	文學研究
98	光陰簡史：我的影像回憶錄現代詩集	文史哲	2018.07	360	6	詩、文學
99	光陰考古學：失落圖像考古現代詩集	文史哲	2018.08	460	7	詩、文學
100	鄭雅文現代詩之佛法衍繹	文史哲	2018.08	240	6	文學研究
101	林錫嘉現代詩賞析	文史哲	2018.08	420	10	文學研究
102	現代田園詩人許其正作品研析	文史哲	2018.08	520	12	文學研究
103	莫渝現代詩賞析	文史哲	2018.08	320	7	文學研究
104	陳寧貴現代詩研究	文史哲	2018.08	380	9	文學研究
105	曾美霞現代詩研析	文史哲	2018.08	360	7	文學研究
106	劉正偉現代詩賞析	文史哲	2018.08	400	9	文學研究
107	陳福成著作述評：他的寫作人生	文史哲	2018.08	420	9	文學研究
108	舉起文化使命的火把：彭正雄出版及交流一甲子	文史哲	2018.08	480	9	文學研究

109	我讀北京《黃埔》雜誌的筆記	文史哲	2018.10	400	9	文學研究
110	北京天津廊坊參訪紀實	文史哲	2019.12	420	8	遊記
111	觀自在綠蒂詩話：無住生詩的漂泊詩人	文史哲	2019.12	420	14	文學研究
112	中國詩歌墾拓者海青青：《牡丹園》和《中原歌壇》	文史哲	2020.06	580	6	詩、文學
113	走過這一世的證據：影像回顧現代詩集	文史哲	2020.06	580	6	詩、文學
114	這一是我們同路的證據：影像回顧現代詩題集	文史哲	2020.06	540	6	詩、文學
115	感動世界：感動三界故事詩集	文史哲	2020.06	360	4	詩、文學
116	印加最後的獨白：蟾蜍山萬盛草齋詩稿	文史哲	2020.06	400	5	詩、文學
117	台大遺境：失落圖像現代詩題集	文史哲	2020.09	580	6	詩、文學
118	中國鄉土詩人金土作品研究反響選集	文史哲	2020.10	360	4	詩、文學
119	夢幻泡影：金剛人生現代詩經	文史哲	2020.11	580	6	詩、文學
120	范蠡完勝三十六計：智謀之理論與全方位實務操作	文史哲	2020.11	880	39	戰略研究
121	我與當代中國大學圖書館的因緣（三）	文史哲	2021.01	580	6	詩、文學
122	這一世我們乘佛法行過神州大地：生身中國人的難得與光榮史詩	文史哲	2021.03	580	6	詩、文學
123	地瓜最後的獨白：陳福成長詩集	文史哲	2021.05	240	3	詩、文學
124	甘薯史記：陳福成超時空傳奇長詩劇	文史哲	2021.07	320	3	詩、文學
125	這一世只做好一件事：為中華民族留下一筆文化公共財	文史哲	2021.09	380	6	人生記事
126	龍族魂：陳福成籲天錄詩集	文史哲	2021.09	380	6	詩、文學
127	歷史與真相	文史哲	2021.09	320	6	歷史反省
128	蔣毛最後的邂逅：陳福成中方夜譚春秋	文史哲	2021.10	300	6	科幻小說

陳福成國防通識課程著編及其他作品

（各級學校教科書及其他）

編號	書　　　名	出版社	教育部審定
1	國家安全概論（大學院校用）	幼　獅	民國 86 年
2	國家安全概述（高中職、專科用）	幼　獅	民國 86 年
3	國家安全概論（台灣大學專用書）	台　大	（臺大不送審）
4	軍事研究（大專院校用）（註一）	全　華	民國 95 年
5	國防通識（第一冊、高中學生用）（註二）	龍　騰	民國 94 年課程要綱
6	國防通識（第二冊、高中學生用）	龍　騰	同
7	國防通識（第三冊、高中學生用）	龍　騰	同
8	國防通識（第四冊、高中學生用）	龍　騰	同
9	國防通識（第一冊、教師專用）	龍　騰	同
10	國防通識（第二冊、教師專用）	龍　騰	同
11	國防通識（第三冊、教師專用）	龍　騰	同
12	國防通識（第四冊、教師專用）	龍　騰	同

註一　羅慶生、許競任、廖德智、秦昱華、陳福成合著，《軍事戰史》（臺北：全華圖書股份有限公司，二〇〇八年）。

註二　《國防通識》，學生課本四冊，教師專用四冊。由陳福成、李文師、李景素、頊臺民、陳國慶合著，陳福成也負責擔任主編。八冊全由龍騰文化事業股份有限公司出版。